Marcus Damm

Psychologie der Kommunikation

Erfolgreich Partnersuche, Zweierbeziehung und Berufsalltag meistern

Mit 44 Flirttipps für Gestresste

Marcus Damm

Psychologie der Kommunikation

Erfolgreich Partnersuche, Zweierbeziehung und Berufsalltag meistern

Mit 44 Flirttipps für Gestresste

Junfermann Verlag • Paderborn
2006

2. Auflage 2006

Satz: La Corde Noire – Peter Marwitz, Kiel

Bibliographische Information der Deutschen Bibliothek
Die Deutsche Bibliothek verzeichnet diese Publikation in der Deutschen Nationalbibliographie; detaillierte bibliographische Daten sind im Internet über http://dnb.ddb.de abrufbar.

ISBN 3-87387-564-0
Ab 1.1.2007: 978-3-87387-564-7

Inhalt

Vorwort

»Alles Menschliche insgesamt ist des großen Ernstes nicht wert.« (PLATON)

»Wir sind eine Gesellschaft notorisch unglücklicher Menschen: einsam, von Ängsten gequält, deprimiert, destruktiv, anhängig – jene Menschen, die froh sind, wenn es ihnen gelingt, jene Zeit ›totzuschlagen‹, die sie ständig einzusparen versuchen.«
(FROMM 1976/2003, 17)

Dieser Ratgeber fokussiert zwischenmenschliche Kommunikationsprozesse und empfiehlt konstruktive Verhaltensschemata, die bei der Partnersuche, in Zweierbeziehungen/Familien und im Berufsalltag angewendet werden können. Die relevanten Perspektiven verschiedener empirischer Humanwissenschaften werden aufgezeigt. Aufmerksame und einfühlsame verbale Kommunikation sowie eine überzeugende Körpersprache verheißen Erfolg in jeglichem Sinn, gestörte/irrationale Kommunikation bringt Niederlagen und seelisches Leiden mit sich, hauptsächlich in den Bereichen Partnersuche und Zweierbeziehungen. Denn immerhin gelten Kommunikationsschwierigkeiten als die Hauptursache für Trennung und Scheidung von Paaren einerseits (BODENMANN & CINA 2003), andererseits bleiben unfreiwillige Singles, die irrational kommunizieren, auch sicherlich weiterhin in ihrer unbefriedigenden Situation (DAMM 2002a). Um die Präsentation von Kommunikationsfertigkeiten kommt niemand herum. Und von nichts kommt nichts, wie man so sagt.

Der Bedarf an Aufklärung und Beratung ist im Übermaß vorhanden, insbesondere auch aus dem Grund, weil sinnvolle Kommunikation, psychologisches Geschick im Alltag und profunde Menschenkenntnis gewöhnlich nicht an den populären kulturellen Institutionen vermittelt werden. Die Gesellschaft überlässt den Transfer von Wissen über diese Voraussetzungen für Lebensgenuss und Glück der Erziehung der Familien, weil man weiß, dass dort nichts passiert. Zu viele psychologisch Versierte oder gar Fachleute sind nicht erwünscht. Ansonsten würde die Gesellschaft nicht so funktionieren, wie sie funktioniert. Außerdem verdanken viele Ärzte, Therapeuten, Krankenkassen, Heilpraktiker usw. ihre Existenzsicherung den zahlreichen psychosomatischen Krankheiten. Und das soll auch so bleiben. Die Folgen der unterbundenen gesellschaftlichen Aufklärung sind vor allem Unwissenheit, Konfusion und Verunsicherung des Einzelnen, und mitunter entstehen auch Lebenskrisen und Depressionen im Erwachsenenalter. Wo liegt das Problem? Unsere Zeit ist einfach zu »kopflastig«. Man will alles mit Verstand und Logik angehen. Das funktioniert insofern nicht, weil der Mensch nicht nur Vernunft »ist«, sondern sich insbesondere durch Gefühle, unbewusste Hoffnungen und irrationale Wünsche konstruiert.

Ohne Gefühle sind wir nichts. Werden diese im Alltag überwiegend verdrängt – die kulturelle Erziehung sowie die Sozialisation insgesamt tun ihr Bestes dafür –, so geht es Menschen letztendlich schlecht im Leben und sie werden neurotisch. Gerade die beruflich bzw. gesellschaftlich Erfolgreichen sind im Großen und Ganzen betroffen, aber auch die anderen Gesellschaftsschichten. Wir leiden bei der Partnersuche, in Zweierbeziehungen und im Beruf – aber wissen nicht, warum. Es sind die verdrängten Bereiche unserer Persönlichkeit, die unausgelebten Leidenschaften, die uns leiden lassen. Denn wir dürfen sie nicht ausleben.

Im vorliegenden Rahmen geht es vor allem auch um Gefühle und deren Befreiung. Dafür werden wir kennen lernen, wie wir ein überstrenges *Über-Ich*, d.h. das Gewissen und Moralempfinden, angehen und abschwächen, damit Selbstentfaltung und Lebensglück Einzug halten können. Es ist im Übrigen intendiert, sowohl grundlegendes als auch professionelles Handwerkszeug für angenehmes und Gewinn bringendes Auftreten sowie vorteilhafte Kommunikationsmuster in den oben genannten Aspekten transparent bzw. bewusst zu machen, damit sie von jedem angewendet werden können. Denn bewusst ist im alltäglichen Miteinander sehr wenig. Die meisten psychologischen Prozesse der zwischenmenschlichen Interaktion sind dem Wachbewusstsein verborgen, aber, wie wir sehen werden, durchaus vorhanden, relevant und letztendlich sogar ausschlaggebend für positive oder negative Erlebnisse mit der Umwelt. Verschiedene Schlüsselreize auf der Grundlage der Evolutionsbiologie, um die es des Weiteren geht – welche ihre bestechenden Wirkungen im Allgemeinen nicht verfehlen –, können von jedermann verbal oder nicht-sprachlich gesendet werden, um überwiegend zusagendes Feedback vom sozialen Umfeld zu erhalten, was u.a. eine Voraussetzung für Erfolg in zwischenmenschlichen Beziehungen ist.

Die beinhalteten Tipps für adäquate Vorgehensweisen bei der Partnersuche, in Zweierbeziehungen und im Berufsalltag beziehen sich auf die Erkenntnisse der Humanbiologie, Psychoanalyse und Sozialpsychologie und orientieren sich ferner an Ansätzen der gegenwärtigen institutionellen Beratung/Therapie[1] in der BRD. Es handelt sich dabei, genauer gesagt, um verhaltenstherapeutische, psychodynamische und humanistische Interventionen.

Ich bedanke mich bei einigen netten Menschen, die mir beim Lektorat behilflich waren. Ferner konnte ich von ihnen konstruktive Kritik entgegennehmen. Es handelt sich um – wieder einmal – Manuel Eschenbaum, Anja und Markus Heer, Steffi Niederbrink-

1 Die Begriffe Beratung und Therapie werden im Folgenden synonym verwendet.

mann, Johannes Land und Astrid Weiß. Letzterer schulde ich darüber hinaus besonderen Dank, weil sie mir in diesem denkwürdigen heißen Sommer die Möglichkeit gestattete, an unerträglich hitzigen Tagen in den kühlen Räumlichkeiten ihres Appartements zu schreiben.

Landau, September 2003
Marcus Damm

I.

Optimale Kommunikationsfertigkeiten sind das A und O im ganzen Leben

In allen Bereichen des öffentlichen und privaten Lebens zahlt sich die Kompetenz, sinnvoll, bedachtsam und respektvoll mit Mitmenschen umzugehen, d.h. vorteilhaft zu kommunizieren, aus. Das weiß eigentlich jeder.

Autoritäre und inhumane Chefs bewirken wenig Positives

Selbst in der freien Wirtschaft (natürlich nicht nur dort), wo bis in die jüngere Vergangenheit hinein der autoritäre und unnahbare Chef als uneingeschränkter Herrscher und »Landesfürst« seine Untergebenen ziemlich unpädagogisch zum bedingungslosen Einsatz zwang (»Wenn Sie nicht [...], dann [...], es stehen Tausende hinten an!«), wird nach und nach erkannt, dass man mit der harten und aggressiven Linie zwar die Bereitschaft der Mitarbeiter[2] zu Höchstleistungen antreibt; diese hält aber einerseits nicht lange an und andererseits werden so Menschen verschlissen. Denn psychosomatische Krankheiten wie z.B. Depressionen, Ulcus ventriculi (Magengeschwür), Asthma, Rheuma, sexuelle Dysfunktionen, Neurodermitis usw. bleiben unter diesen Arbeitsbedingungen nicht außen vor. Die Seele wehrt sich und der Körper zeigt augenscheinlich und überzeugend den Widerstand. Nicht selten geschieht es auch, dass Mitarbeiter, aus Rachegefühlen dem unliebsamen Chef gegenüber, mal eben das ein oder andere Projekt in den Sand setzen. Nach Schätzungen belaufen sich die dadurch entstehenden Schäden in der BRD auf 5–6 Milliarden Euro im Jahr (DIE ZEIT 4/2003).

---

2 In diesem Buch werden vorwiegend geschlechtsneutrale Begriffe verwendet. Sollte an anderen Stellen die männliche Form (Partner, Berater, Flirtliebhaber, Pendant o.Ä.) auftauchen, so ist dies auf Grund der besseren Lesbarkeit geschehen. Es sind aber stets beide Geschlechter angesprochen.

Kommunikationsfertigkeiten und Maskulinität sind für Berufseinsteiger die Garanten des Erfolgs

Vor allem zwei Charakteristiken sind im Berufsleben eines aufstrebenden Einsteigers relevant. Wie allgemein bekannt ist, bewirken mangelhafte Kommunikationsfertigkeiten auf der einen Seite, dass eine ansehnliche Laufbahn sogleich im Keim erstickt wird, auf der anderen verhindert Expressivität das Fortkommen. Expressiv – der Begriff ist aus der Sozialpsychologie entlehnt – sind Personen, unabhängig vom biologischen Geschlecht, die vornehmlich stereotyp[3] weibliche Verhaltensweisen zeigen. Also demnach weichherzig, einfühlsam, unterwürfig, abhängig und furchtsam erscheinen (nach ALFERMANN 1996, 16f.). Diese Eigenschaften können, wie gesagt, sowohl von Männern als auch von Frauen repräsentiert werden. Das kommt in hohem Maß auf die Erziehung durch die Eltern, sonstige Einflüsse und deren Folgen an. Infolgedessen offenbaren sich fundierte Kommunikationskompetenzen und Instrumentalität im Allgemeinen als sehr förderlich für Menschen, die Spitzenpositionen in Wirtschaft und Politik anstreben (SIEVERDING & BIERHOFF-ALFERMANN 1992). Als instrumentell werden diejenigen Individuen bezeichnet, die sich überwiegend durch stereotyp männliche Denk- und Verhaltensweisen charakterisieren. Für sie treffen etwa folgende Wesenszüge zu: egoistisch, hartherzig, rational, mutig, streng, unnachgiebig (nach ALFERMANN 1996, 16f.).

Die meisten Menschen orientieren sich in Theorie und Praxis zeitlebens entweder an instrumentellen (maskulinen) oder expressiven (femininen) Stereotypen. Denn die meisten Männer und Frauen haben ihre adäquaten geschlechtstypischen Verhaltensweisen in der Kindheit erlernt. Männer sollen, so das gegenwärtige Erziehungsideal, überwiegend maskulin, Frauen vorwiegend feminin sein, besonders im privaten, d.h. häuslichen Bereich. Was das jeweils heißt, das beschreiben die Geschlechterstereotype (siehe oben und Fußnote Nr. 3). Die Ausnahme stellen androgyne Persönlichkeiten dar, die beide Pole vereinigen, also sowohl maskulin als auch feminin agieren (können) – je nach Situation und Notwendigkeit. Demnach ist z.B. ein androgyner (biologisch männlicher) Abteilungsleiter in der Lage, sich eher in seine Mitarbeiter einzufühlen (weibliches Stereotyp) und dadurch angemessener zu verfahren. Im Gegensatz etwa zu einem instrumentellen Menschen, dem vorwiegend nur die unnachgiebige, rationale Form der Interaktion übrig bliebe. Wir kennen jene Letzteren alle.

Das instrumentelle bzw. expressive Temperament zeigt sich interessanterweise auch im individuellen Kommunikationsstil. JOHNSON et al. (2000) haben geschlechtstypisches Kommunikationsverhalten untersucht. Diese Forscher begründen Zuhör- und Sprech-

---

3 Urteile, die einen zuschreibenden Charakter haben, nennt man Stereotype: »Stereotype stellen verbreitete und allgemeine Annahmen über die relativen Eigenschaften einer Personengruppe dar. Sie werden als kognitive Wissensbestände im Zuge der Sozialisation erworben (z.B. durch Beobachtungen, Aussagen anderer Personen oder über Medien wie etwa Fernsehsendungen oder Lesebücher) [...]. Geschlechterstereotype sind demnach ‚die strukturierten Sätze von Annahmen über die personalen Eigenschaften von Frauen und Männern'« (ALFERMANN 1996, 9).

stile mit dem Selbstbild von Männern und Frauen. Jeder Mensch besitzt demnach eine Selbsteinschätzung bezüglich seiner eigenen Maskulinität und Feminität, welche mit dem Einsatz von Fragebögen erfasst werden kann. Die meisten Männer charakterisieren sich, wie man sich denken kann, durch ein instrumentelles Selbstbild. Frauen weisen überwiegend ein expressives auf. Eine Folge hiervon ist, dass Frauen im Allgemeinen eben dem weiblichen Stereotyp gemäß kommunizieren, also etwa einfühlsam, affektiv und auf der Gefühlsebene agieren, Männer analog dem maskulinen, demnach eher rational und gefühlsarm diskutieren. – Gemeint sind hierbei vorwiegend Situationen im privaten und häuslichen Rahmen. Im Berufsalltag können natürlich Männer und Frauen stereotyp männlich auftreten: jede Frau kann ihren Mann stehen, ja, sie muss es sogar, und das nicht selten. Dies hat häufig Auswirkungen auf die Partnerwahl (siehe unten).

Dass die Tatsache der unterschiedlichen Stile oft zu Missverständnissen führt, weiß auch der Volksmund. Warum Männer und Frauen generell im intimen Bereich geschlechtstypisch und nicht anders kommunizieren, darüber ist sich die Wissenschaft nicht ganz einig. Biologische Standpunkte (unterschiedliche Erbanlage) ringen mit Theorien der Geschlechtersozialisation (auf Grund der verschiedenartigen Erziehung der Geschlechter). Nebenbei erwähnt: Würden Männer und Frauen über ihre eigenen unterschiedlichen Sprech- und Zuhörstile auch tatsächlich Bescheid wissen, d.h., wären sie ihnen auch tatsächlich bewusst, könnten Partner einander im Ehealltag auch besser verstehen. Sie würden gewissermaßen wahre Gefühle und Bedürfnisse so mitteilen können, dass der andere sich nicht angegriffen fühlt (vgl. auch TANNEN 1998). Dies ist, realistisch betrachtet, leider nicht sehr oft festzustellen. Wie bereits weiter oben erwähnt, stellen Kommunikationsschwierigkeiten für viele Paare ein erhebliches Problem dar.

Die meisten Zweierbeziehungen leiden unter dem Mangel an Kommunikationskompetenzen der Partner

In der intimen Beziehung[4] von Mann und Frau hängt die Zufriedenheit der Partner wesentlich von der Qualität des Interaktionsverhaltens ab. Nach den Vorstellungen der Verhaltenstherapie bedingen Probleme in der Paarkommunikation die späteren Ehestörungen (MARKMAN 1984). Oben wurde darauf verwiesen, dass Sprecher- und Zuhörstile im privaten Bereich vor allem dem geschlechtsspezifischen Selbstbild entsprechen. Demnach kann die Paarkommunikation deshalb gestört sein, weil beide Partner, wenn sie ein instrumentelles Selbstbild haben, ihrem maskulinen Naturell gemäß auftreten, sich also überwiegend kontrolliert, unnachgiebig, gefühlskalt und stur geben. Wenn aber jeder auf seinem Standpunkt beharrt, kann es keine zufriedenstellenden Lösungen geben. In einer vom Autor durchgeführten Studie (DAMM 2004) hat sich in der Tat Instrumen-

4 Die Begriffe intime Beziehung, Partnerschaft, Ehe, Zweierbeziehung und Familie werden im vorliegenden Buch synonym verwendet.

talität als abhängige Variable bei verbal ausgetragenen Ehekonflikten dargestellt. Die Streitigkeiten konnten demnach oft nicht für beide Partner befriedigend gelöst werden. Verstricken sich Paare in einen negativen Interaktionszirkel, nach dem Motto »Du bist verneinend zu mir, dann bin ich auch legitimiert, dich zu verletzen«, verschlechtert sich die Partnerschaftszufriedenheit rapide. Eine Trennung wird dann wahrscheinlich. Dieses Phänomen wird in der Verhaltenstherapie »negative Reziprozität« genannt, d.h. sich gegenseitig verstärkende Negativität. Die Partner übertrumpfen sich im Einander-in-die-Pfanne-hauen. Der Begriff innerhalb des *positiven* Interaktionszirkels »bedeutet, dass Partner A belohnen möchte und belohnen wird, wenn Partner B ihn vorher belohnt hat – und umgekehrt« (SCHINDLER et al. 1998, 31). Ziel von therapeutischen Interventionen ist demnach die Einleitung der positiven Reziprozität (= gegenseitig bejahende Verhaltensweisen zeigen). Weiter unten werden wir dementsprechende Ansätze näher kennen lernen.

Frühkindliche Erfahrungen als Ursachen für viele Ehekonflikte

Dass oftmals Partner in Zweierbeziehungen Konflikte nicht konstruktiv austragen können und stets einer von beiden das Gefühl hat, unterlegen zu sein, liegt aber nicht nur daran, dass Männer und Frauen im privaten Bereich unbewusst geschlechtstypisch kommunizieren (zusammenfassend GRAY 1998). Die Inkompetenz wird meist bereits in der Kindheit, nämlich durch die Erziehung in der Herkunftsfamilie zu Grunde gelegt. Wie die moderne Tiefenpsychologie ausführt (siehe etwa RATTNER & DANZER 2001), agieren Frauen, mehr als Männer, als Vorbild ihrer Kinder. Denn nach wie vor gehen generell die Ehemänner einer ganztägigen Erwerbstätigkeit in der Zeit einer Geburt von Kindern nach (FTHENAKIS & MINSEL 2002). Nicht wenige Mütter (und auch Väter) haben das ständige Bestreben, ihren Nachwuchs zu verändern, d.h. ihn nach ihrem eigenen Bild zu formen (»Ich weiß, was gut und schlecht für dich ist, ich kenne dich, und zwar besser als du dich selbst!«), an diesen selbst weitergegeben. Das unvorteilhafte Kommunikationsmuster wird nämlich oft *verinnerlicht,* wie die Tiefenpsychologen sagen, d.h. nach und nach vom Kind unwillkürlich in das eigene Persönlichkeitsinventar übernommen. Im Erwachsenenalter wird dann oft der Lebensgefährte (wie die eigene Mutter oder der Vater es praktizierte) nach subjektivem Abwägen modifiziert. Das äußert sich beispielsweise in Aussprüchen wie »Wenn du mich lieben würdest, dann [...]!« oder: »Du bist *immer* so [...]!«[5] Diese Art der Kommunikation ist, das vermuten Sie sicher schon selbst, sehr destruktiv für die Qualität der Zweierbeziehung. Oftmals ist es dem Sender aber schlicht und einfach nicht bewusst, dass er einfach eine Verhaltensweise von

5 Nach HELLINGER (1997) kann dieser Mechanismus von Generation zu Generation unbewusst weitergegeben werden. Demnach gibt es in jeder neuen Familienkonstellation beispielsweise einen Sündenbock bzw. jemand, der ihn spielen muss. Durch die Technik der »Familienaufstellung« lässt sich derartiger Konflikt u.a. bewusst machen.

Mutter oder Vater wiederholt. Nebenbei, oftmals melden sich verschiedene Stimmen und Regungen in uns, die wir unbewusst von anderen übernommen haben.

Die allgemeine Intoleranz von charakterlichen Andersartigkeiten ist ein weit verbreitetes Problem in Zweierbeziehungen und zeigt sich auch beeindruckend darin, dass ein wesentlicher Grund für Paare, die eine institutionelle Ehe-, Familien- und Lebensberatungsstelle in der BRD aufzusuchen, das »störende Temperament des Partners« ist (HAHLWEG 1995).

Eigene negative Emotionen und Kritik am anderen in einer Art und Weise mitzuteilen, ohne dass er sich herabgesetzt oder diskreditiert fühlt, das vermögen leider im Durchschnitt nur wenige zu tun. Meistens beginnen Sätze, mit denen eigene Bedürfnisse ungünstig ausgedrückt werden, mit einem »Du«, konstituieren sich schlechterdings also als Du-Botschaft. Ehevorbereitungsprogramme sowie die verhaltensorientierte und humanistische Ehetherapie beabsichtigen die Verbesserung der Kommunikations- und Problemlösungsfertigkeiten von Partnern, z.B. mit der Institutionalisierung von konkreten Ich-Botschaften in der ehelichen Interaktion.

Ganz anders sehen die Anforderungen – bezüglich etwaiger Kommunikationskompetenzen – an unfreiwillige und erwartungsfrohe Singles auf der Piste[6] aus. Sie befinden sich häufig in einer Situation, in der es gilt, innerhalb von kurzer Zeit einen positiven Eindruck auf das Gegenüber zu machen. Sie wissen ja: es gibt fast nie eine zweite Chance, einen ersten sympathischen Eindruck zu machen. Das gilt insbesondere auch für alle Flirtwilligen unter uns, die nicht unbedingt auf der Suche sind. Ferner schläft die Konkurrenz auf der Piste nicht.

Im Allgemeinen ist das zwischenmenschliche Verhalten bei der Annäherung der Geschlechter von unserem evolutionären Erbe, der Sexualität, durchtränkt. Was wir vielleicht nicht auf Anhieb vermuten würden: Sexualität spielt meistens auch bei der ganz alltäglichen Kommunikation zwischen den Geschlechtern eine nicht zu unterschätzende Rolle.

Typische Männer und typische Frauen haben bei der Partnersuche die besten Chancen beim anderen Geschlecht

> »Only boys that save their pennies make my rainy day [...]. Cause we're living in a material world and I am a material girl, you know [...].« (aus *Material girl* von MADONNA)

> »Sexuelle Ausstrahlung und Attraktivität ist nicht nur im Zustand sexueller Erregung wirksam, sondern ist ein Aspekt jeglicher menschlicher Interaktion. In keinem Gespräch und keiner zwischenmenschlichen Handlung wird man sich gleich erfahren und verhalten, je nachdem, ob einem ein Mann oder eine Frau gegenüber steht. Wahrscheinlich ist in

6 Mit »Piste« meine ich natürlich die Erlebnisgastronomie in Klein- und Großstädten. Sie wissen schon.

> jeder zwischenmenschlichen Beziehung die Frage mit im Spiele, wie eine sexuelle Beziehung mit dem Gegenüber sein könnte und wie man von ihm als möglicher Geschlechtspartner gesehen würde.« (WILLI 2002, 85)

Vor allem nicht-sprachliche Kommunikation wie etwa der Ausdruck eines attraktiven Erscheinungsbildes oder geschlechtstypische Körpersprache ist im Alltag wichtig. Nach Schätzungen laufen ca. 55% des zwischenmenschlichen Kommunikationsprozesses auf der nonverbalen Ebene ab, und zwar in Form von Mimik und Gestik (MEHRABIAN 1972). In einem ganz normalen Gespräch zwischen Freunden, Bekannten und gar Fremden beispielsweise wird intuitiv mehr auf die Körpersprache geachtet als auf das ausgesprochene Wort. Wenn etwas nicht stimmt bei der Kommunikation, erahnen wir es sofort. Schließlich und endlich bedingen nicht-sprachliche Reize auch den Erfolg bzw. Misserfolg bei der Partnersuche.

Dabei ist festzuhalten, dass Männer üblicherweise durch eine maskuline, souveräne, und Frauen mit einer unterwürfigen, expressiven/femininen Körpersprache das andere Geschlecht beeindrucken – bei der Partnersuche. Wie mehrere 1.000 Feldexperimente mit mehreren 10.000 Probanden zeigen, sind die meisten Verhaltensweisen bei der Annäherung von Männern und Frauen an biologische Grundlagen gebunden. Wir sind sozusagen beim Flirten vorprogrammiert (zusammenfassend GRAMMER 2002). Demnach beziehen sich viele Phänomene der Körpersprache und andere Verhaltensweisen direkt auf die sexuelle Selektion. Männer neigen u.a. bei der Partnerwahl unbewusst zur Statusorientierung und Selbstdarstellung. Frauen betonen generell unbewusst ihre sekundären weiblichen Geschlechtsmerkmale. D.h., sie akzentuieren ihr physisches Erscheinungsbild und vermitteln Jugendlichkeit; was im Kontext der biologischen Prinzipien Fruchtbarkeit suggeriert. Hierin zeigt sich ein dem tierischen Balzverhalten analoges Vorgehen. Der Mann stellt, manchmal in einer leicht dominanten Art, seine Fähigkeiten als potenzieller Versorger und sicherer Rückhalt dar, der die Frau verteidigen und für den Nachwuchs, heutzutage finanziell, aufkommen kann (ob er diese Qualitäten wirklich hat oder nicht, das spielt nicht unbedingt eine Rolle, es gibt auch Täuschungen). Frauen kennen die Blender, von denen ich spreche. Die Frau wiederum wirkt prinzipiell beim Flirten umso attraktiver, je mehr Reize sie rein äußerlich und vor allem körpersprachlich anbieten kann.

Diese Verhaltensweisen der Geschlechter in der ersten Phase der Annäherung sind einerseits Produkt der angeborenen Faktoren, das wurde bereits erwähnt, andererseits Ergebnis der Erziehung und sonstiger gesellschaftlicher Einflüsse, d.h. der Sozialisation. Somit stehen unbewusste, sexuell gefärbte psychologische Prozesse im Vordergrund des Interaktionsverhaltens der Geschlechter. Auch im Alltag, wo man die Triebfeder Sexualität nicht vermuten würde.

Die mediale Werbung greift auf die erwähnten biologisch bestimmenden Prinzipien zurück, weil man weiß, was sie bewirken können. So genannte »Triggersignale« werden in fast allen TV-Werbespots platziert. Triggersignale fokussieren die sekundären

Geschlechtsmerkmale von Männern und Frauen. Sie werden deshalb integriert, um den Konsumenten zu animieren, sich das Produkt anzueignen. Wir sind, nebenbei erwähnt, durch und durch eine Haben-Gesellschaft (FROMM 1976/2003). Die Kaufmotivation wäre in diesem Fall sexueller Natur. Sex ist in der Tat auch ein unglaublich starker und weit verbreiteter Verkaufskatalysator. Man denke ferner an TV-Spots, in denen eine attraktive Blondine oder eine andere rassige und knusprige Schönheit voller Sinnlichkeit, mit geschlossenen Augen und offensichtlicher(?) Ekstase, den Schmollmund in Großaufnahme, etwas trinkt, oder achten Sie darauf, wenn sie genussvoll in ein Softeis oder einen Schokoriegel beißt. Es bedarf manchmal nicht besonders viel Interpretationsgabe, um das Phallus-Symbol ausfindig zu machen. Das ist dem Konsumenten schon verständlich, nur eben nicht wirklich bewusst. Oftmals wird uns auch in den Medien weisgemacht, dass man beim anderen Geschlecht Erfolg hat – Darstellung einer Flirtszene am Ende des Trailers –, wenn man dieses oder jenes Duschgel, Parfüm, Eau de Toilette benutzt. Achten Sie mal darauf, es kann sehr interessant sein. Ich spreche aus Erfahrung.

Biologische Grundlagen haben also, wie oben erwähnt, direkte Auswirkungen auf das Verhalten bei der Partnerwahl. Was heißt das für uns interessierte psychologische Laien oder gar einen Flirtprofi? Ganz einfach: Nur wer fähig ist, Reize auszusenden, die positiv vom Empfänger aufgenommen werden, kann die Grundbedingungen der erfolgreichen Partnerwahl erfüllen. Wer sein Erscheinungsbild einerseits geschlechtstypisch gestaltet und andererseits auch noch mit einer souveränen geschlechtstypischen Körpersprache (siehe unten) zu einer anziehenden Ausstrahlung verknüpfen kann, muss sich in den meisten Fällen noch nicht einmal die Mühe machen, auch nur ein Wort auszusprechen, um positive Aufmerksamkeit beim anderen Geschlecht zu erregen. Flirts aus irgendeiner Motivation[7] ergeben sich dann ziemlich schnell. Denn dieser Mensch, unabhängig vom biologischen Geschlecht, ist auf Grund seiner äußeren Reize ein Flirtmagnet. Das Thema habe ich an anderer Stelle bereits behandelt (DAMM 2002b). Kurzum, das Auge, wie der Volksmund spricht, isst nicht nur mit, *es bestimmt sogar bereits beim ersten Anblick, was gegessen werden soll.*

Partner als Mutter- bzw. Vaterersatz

Die Humanethologie bietet massenweise aufschlussreiche Ergebnisse aus der Empirie auf, hat aber auch ihre Grenzen und Schatten bei der Erklärung der Partnerwahl. Wie kann es nämlich z.B. sein, dass auch äußerlich überhaupt nicht kongruente Partner eine Zweierbeziehung begründen? Schließlich muss die nächste Generation biologisch sinnvoll zusammengesetzt werden (GRAMMER 2002).

7 Dass verschiedene innere Motivationen, genau genommen fünf, das sich immer gleichartig darstellende Flirtverhalten auslösen können, habe ich bereits an anderer Stelle eruiert (DAMM 2002b). Es handelt sich demnach um folgende Arten des Flirts: herzlich-emotionaler Flirt, Flirt aus (uneigennütziger) Menschenliebe, der egoistisch-motivierte Flirt, den gesellschaftlich-geforderten und sexuell-motivierten Flirt.

Um uns Klarheit zu verschaffen, können wir auf die Tiefenpsychologie zurückgreifen. Demnach gestaltet es sich oftmals so, dass sich Partner deshalb intuitiv anziehend finden, weil sie denselben unbewältigten Kindheitskonflikt aufweisen, den sie unbewusst durch den anderen lösen wollen (WILLI 1975/2001). Beispielsweise suchen und finden nicht wenige Männer immer wieder eine Partnerin, die sie wie ihre eigene Mutter »betütelt« und behütet. Entgegen kommt ihnen dabei so manche Frau, die ein unbewusstes Bedürfnis hat, genau diese Mutterfunktionen auszuüben. Der Antrieb der Männer, eine Ersatzmutter zu wählen, liegt darin, dass viele sich zeitlebens nicht vom prägenden Einfluss ihrer Mutter lösen können. Daher übertragen und erwarten sie auch vorwiegend die umsorgende Rolle von ihrer Partnerin (Ödipus-Komplex). Oftmals haben sie zu ihrer leiblichen Mutter noch ein enges Verhältnis. Erstaunlicherweise geben sich diese Männer bei der Partnersuche außerordentlich maskulin und selbstständig, die angehenden »Ersatzmütter« sehr unterwürfig und feminin.[8] Beide neigen also dazu, sich genauso zu geben, wie sie eigentlich *nicht* sind, genauer gesagt, sie überspielen jeweils mit einer eigenen Art ihre infantilen Wünsche. Unter umgekehrten Vorzeichen lernt man sich dann kennen. Enttäuschungen aus den unerfüllbaren gegenseitigen Erwartungen werden nicht ausbleiben. Selbst die heldenhaftesten Männer haben eine ausgeprägte weibliche Seite, die sie lediglich im Großen und Ganzen im Alltag verdrängen (siehe z.B. typisch maskuline Berufe). Ganz oft passiert es, allgemein gesprochen, dass uns späterhin das am anderen stört, was uns vorher angezogen hat (WILLI 1978/2001). Weiter unten werden wir die Angelegenheit tiefenpsychologisch beleuchten.

Ein anderes Exempel: Frauen, die von ihrer Herkunftsfamilie jahrelang das Selbstbewusstsein geraubt bekamen (»Du bist dumm, aus dir wird nie etwas!«), demnach wahrscheinlich ein einflussreiches Minderwertigkeitsgefühl (vgl. ADLER 1920/1965) aufweisen, suchen unbewusst und finden stets aufs Neue autoritäre, aggressive, strenge und unangemessen eifersüchtige Männer, die ihnen auch weiterhin das Selbstbewusstsein nehmen und sie unterdrücken. Wie damals die eigene Mutter oder der Vater. Als Außenstehender steht man da und fragt sich, wie so etwas Unfaires eigentlich tolerierbar ist. Als Antwort erhält man dann: »Ich weiß, er ist aggressiv und es rutscht ihm manchmal die Hand aus. Aber er hat auch andere Seiten. Außerdem würde er nicht mehr zurechtkommen, wenn ich ihn verlasse.« Es handelt sich seitens der Frau um einen nachteiligen Wiederholungszwang, der ihr generell nicht bewusst ist (»Ich weiß auch nicht, aber ich gerate immer an dieselben Männer!«). Die männlichen Pendants dieser harmlos auftretenden Frauen haben zwar oftmals einen ähnlich ausgelösten Minderwertigkeitskomplex, verdrängen ihn aber mit dem anderen Extrem: Aggression und Machtausübung. Wieder verkehrte Welt. Der gleichartige Konflikt von beiden wird also wieder jeweils unter-

8 Einige Teilnehmerinnen aus meinen Kommunikationskursen konnten charakteristische und höchst amüsante Erlebnisse mit maskulinen Männern auf der Piste erzählen, die sich später in der Partnerschaft dann überwiegend hilflos, infantil und pflegebedürftig gegeben haben. Das heißt selbstverständlich nicht, dass alle Männer, die sich überlegen und extrovertiert auf der Piste geben, einen Ödipus-Komplex aufweisen. Psychologische Fachleute und Laien durchschauen die gemeinten Charaktertypen aber recht schnell.

schiedlich verdrängt und in der gegenwärtigen Zweierbeziehung immer wieder als eine Art Teufelskreis aktualisiert. Das Thema wurde nie bewusst gemacht.

WILLI (1975/2001), dessen tiefenpsychologisches Modell in der gegenwärtigen Ehe-, Familien- und Lebensberatung gewiss das populärste ist, erklärt, dass Individuen oftmals Partner intuitiv suchen und finden, die sie an den anders geschlechtlichen Elternteil erinnern. Dabei spielt fatalerweise oft keine Rolle, ob der aktuelle Partner überwiegend die positiven oder negativen Verhaltensweisen des anders geschlechtlichen Elternteils wiederholt. Vor allem ungünstig ist dieser unbewusste Mechanismus für diejenigen Menschen, die aggressive Väter und/oder übermäßig verzärtelnde und beschützende Mütter hatten, von denen man sich psychisch nicht abkapseln konnte. Manche Kinder haben später als Erwachsene eine narzisstische Störung, indem sie sich nur wahrnehmen können, wenn sie mit einem anderen Menschen dauerhaft verschmelzen können. Aber wie sollte das möglich sein?

Spätere Geschlechtspartner sollen in neurotischen Ehen verschiedene Rollen spielen. Auf unbewusste Prozesse bei der Partnerwahl und in Zweierbeziehungen werde ich weiter unten ausführlicher zu sprechen kommen.

Wissenschaftliche Erkenntnisse für den Erwerb von konstruktiven Kommunikationsmustern im Alltag nutzen

Es lässt sich leicht mit einem aufmerksamen Blick im sozialen Umfeld für jedermann feststellen, dass manche Menschen eine unglaublich effiziente Ausstrahlung auf andere haben. Sie erscheinen dann vor allem für das andere Geschlecht interessant, magnetisieren aber auch die gleichgeschlechtliche Umgebung und sind außerdem im Berufsleben erfolgreich. Diese Menschen werden oft als »charismatisch« bezeichnet, und nicht wenige, die sich als Otto Normalverbraucher definieren, beneiden die optimalen Signalsender, weil sie scheinbar etwas voraus haben. Ich behaupte: das, was diese Menschen voraus haben, sind »nur« die Bereitschaft und der Mut, automatisiertes und selbstsicheres Verhalten in den meisten Alltagssituationen zu zeigen. Wobei festzuhalten ist, dass in den häufigsten Fällen überwiegend intuitiv und unreflektiert positiv aufgetreten wird. Die wenigsten nehmen die eigentlichen Motivationen der eigenen Verhaltensschemata und -prozesse bewusst wahr. Das tut der Gewinn bringenden Sache natürlich keinen Abbruch, im Gegenteil. Kompetent flirten können zwar einige schon, aber sie wissen nicht, warum. Sie sind vielleicht auf Grund einer Erziehung, die die Ausbildung eines gesunden Selbstbewusstseins unterstützte, intuitiv Sender von optimalen Signalen, welche ihr Leben permanent bereichern. Die von ihnen angewendeten Schlüsselreize (um die es im vorliegenden Rahmen u.a. geht) verfehlen ihre Wirkung auf Mitmenschen im Allgemeinen nicht. Es gibt eine uns allen verständliche positive (Flirt-)Kommunikation. Das Verständnis ist uns angeboren und durch die Sozialisation zusätzlich vermittelt. Die intuitiven Flirtliebhaber bzw. -profis haben demnach nicht wirklich etwas voraus.

Warum nicht auch aus dem Vollen schöpfen, liebe Leserinnen und Leser, und zwar mit wissenschaftlicher Unterstützung. Um auf den Punkt zu kommen: von jedem können vorteilhafte Reize gesendet werden, um von der Mehrheit generell ein erfreuliches Feedback zu erhalten. Die Lösung lautet schlicht und einfach: psychologischer Wissenserwerb und Menschenkenntnis sowie praktisches Umsetzen dieses Wissens im Alltag.

U.a. die Tiefenpsychologie, Humanbiologie und Sozialpsychologie kommen uns mit ihren Theorien und empirischen Belegen aus zahllosen Experimenten und Forschungsprojekten zu Hilfe. Sie erlauben Vorhersagen für positive Reaktionen unserer Mitmenschen auf durchschlagende Reize, die wir aussenden. Nicht immer funktioniert das, aber doch auffallend oft. Denn die meisten von unseren inneren Denkmechanismen sind angeboren, dem Empfänger nicht bewusst, aber sie machen spezifische Reaktionen bei passenden Reizen wahrscheinlich. Wir werden nützliche Schlüsselreize auf der Piste thematisieren. Ferner ist im vorliegenden Rahmen intendiert, dass Sie sich ein Stück weit besser kennen lernen, bewusst wahrnehmen und einige Tricks im Alltag einsetzen.

Aufbau des Buches

Im nächsten Abschnitt geht es um die Kriterien der Partnersuche und -wahl, speziell in humanbiologischen und tiefenpsychologischen Kontexten. Bewusste Bezugnahmen auf das *Erscheinungsbild* und die *Körpersprache* machen zwischenmenschlichen Erfolg wahrscheinlich. Einige pfiffige Tipps können bei häufiger Anwendung im Alltag automatisiert und somit permanent in das Persönlichkeitsinventar aufgenommen werden. Auch *Aufmerksamkeit* soll trainiert werden, weil ebendiese Eigenschaft im Trubel und Stress des Alltags oft verloren geht. Ein prägnantes Buch, übrigens mit praktischen Anleitungen, die Sinne wieder zu öffnen, ist *Denk nicht an Orangen mit lila Punkten* von SHERVINGTON (2002), das auf Methoden des NLP zurückgreift. Weil sich grundlegendes Interesse an einer Person bereits innerhalb von Sekunden herausstellen kann, ist besonders die *objektive Beobachtung* unumgänglich. Tipps, um ein Gespräch mit einem unbekannten liebreizenden Menschen einzuleiten, finden sich ferner in diesem Abschnitt. Des Weiteren bringen wir auch Möglichkeiten in Erfahrung, sich verbale Ablehnungen (Körbe) zu ersparen.

Die Zweierbeziehung ist Thema des dritten Abschnitts. Tiefenpsychologische Paartherapie und verhaltensorientierte Interventionen bei Ehepaaren fokussieren die *gemeinsame Kommunikation* und intendieren die *Steigerung der Kommunikationsfertigkeiten.* Weil nicht wenige intime Beziehungen unter einer gestörten Kommunikation leiden, ist dies notwendig. Verschiedene Thesen zur Steigerung der Kompetenz werden aufgeführt, die Berücksichtigung von *Ich-Botschaften* ans Herz gelegt. Des Weiteren finden sich tiefenpsychologische und evolutionstheoretische Erklärungen für populäre Störungsbereiche in Partnerschaften.

Auch im Berufsleben (Thema des vierten Abschnitts) bringen angepasste Körpersprache und verbale Fertigkeiten viele Vergünstigungen. Aufschlussreiche Feldexperimente und nützliche Anregungen werden genannt.

Die Intentionen der vorliegenden Arbeit lauten zusammengefasst:

- Tiefenpsychologische und evolutionstheoretische Einblicknahmen in alltägliche zwischenmenschliche Phänomene,
- Steigerung der Kommunikationskompetenz,
- bewusste(re) Lebensführung,
- praktisches Umsetzen der theoretischen Ausgangspunkte,
- Erwerb von Gewinn bringender und ökonomischer Flirtkompetenz,
- Steigerung der Lebensqualität.

2.
Beeinflussendes und überzeugendes Kommunikations- und Interaktionsverhalten bei der Partnersuche – Schlüsselreize zum Erfolg

»Der kühle Verstand galt lange Zeit als das Kronjuwel der Schöpfung. Heute wissen [wir], dass all unser Denken und Handeln geleitet ist von Emotionen. Ohne sie sind wir nichts.« (OCHMANN 2003, 96)

»O Wollust, o Hölle,/
O Sinne, o Liebe,/
Nicht zu befried'gen/
Nicht zu besiegen/
Aus Höhen des Himmels/
Hast du mich gezogen/
Und hin mich geworfen/
In Staub dieser Erde:/
Da lieg' ich in Fesseln.«
(SCHOPENHAUER 1804-1818/1966, 1)

Ca. 16% der Bevölkerung der BRD zählen zu den Singles. Damit sind diejenigen Menschen gemeint, die ohne feste Partnerschaft leben, freiwillig oder unfreiwillig, und zwischen 20 und 50 Jahre alt sind (KÜPPER 2003). Die meisten Partnerschaften, nach GRAMMER (zitiert nach BRENDLER 2003) rund 70%, entstehen übrigens in den so genannten »closed fields« (MURSTEIN 1970), d.h. nach außen hin weit gehend abgeschlossene Systeme. Nennen wir etwa Arbeitsplatz, Institutionen, Vereine, Parteien, Clubs als Beispiele. Dort herrschen gemeinsame Rahmenbedingungen vor. Unfreiwillige Singles werden daher schneller verkuppelt. Flirts ergeben sich leichter, auch weil mehr zwingende Interaktionsprozesse stattfinden. In »open fields« (Urlaub, Alltag, Bushaltestelle, Bahnhof, Wursttheke) demgegenüber fehlt der verbindliche Charakter des Kennenlernens, was aber in den Augen der meisten Menschen seine ganz besonderen Reize bietet. Das open field schlechthin ist die Piste, damit meine ich die Erlebnisgastronomie in Klein- und Großstädten, die besonders am berüchtigten Donnerstagabend von insgesamt mehreren Millionen Menschen in der BRD in Beschlag genommen wird. Sie kennen sicher alle die »Afterworkpartys«. Der letztendliche Zweck ist nichts weniger als – Flirten.

Es geht nicht mit und nicht ohne Partner?

Das Single-Dasein hat seine eigenen Verlockungen, besonders aus der Sicht vieler Menschen, die in einer festen Partnerschaft nach konventioneller Vorstellung leben. Singles werden im Großen und Ganzen so beschrieben: unabhängig, gesellig, selbstbewusst, selbstständig, autonom. Außerdem, so die Single-Stereotype, sind sie in der vorteilhaften Lage, freizügig diverse Sexualbeziehungen pflegen zu können. Auf der anderen Seite erscheinen Singles einsam und müssen auf die vermeintlichen Vorteile einer festen Beziehung, z.B. Sicherheit, gemeinsamer Haushalt, Kinder, verzichten. Ich nehme an, dass jeder einmal in der Zeit des Single-Daseins neidisch auf die Menschen geschaut hat, die in einer Zweierbeziehung leben. Umgekehrt erinnern sich zahlreiche Liierte des Öfteren an die Unabhängigkeit und Freiheit als Eigenbrödtler (KÜPPER 2003).

Doch egal ob freiwilliger Single oder nicht: der angeborene Antrieb zur Zweisamkeit ist aus evolutionären und manchmal auch zwangsneurotischen[9] Gründen in jeder Persönlichkeit ganz tief eingesenkt. Viele derzeitige Singles hatten vorher feste Partner, und das Streben, eben wieder eine Zweierbeziehung zu erleben, ist auf Dauer schwerlich zu verdrängen. Trotz der derzeit höchsten Scheidungsraten seit Bestehen der Statistik der gerichtlichen Ehescheidungen – im Jahr 2001 hat es 197.498 amtliche Ehescheidungen gegeben (STATISTISCHES BUNDESAMT 2002) – und des Wertewandels – der individuelle Lebenslauf kann freier gewählt werden als früher –, wollen Menschen den Partner fürs Leben. In Umfragen nennen Personen vorwiegend Liebe, Partnerschaft und Familie als Bedingungen für Lebenszufriedenheit (SCHNEIDER 2003). Darüber hinaus stellen diese Werte die grundlegenden Voraussetzungen für Lebensgenuss und psychische Stabilität dar (KÖCHER 1993).

Heiraten ist immer noch sehr populär, und auch das Bedürfnis nach Zweisamkeit scheint in der BRD ungebrochen zu sein: 90% aller 50-jährigen Deutschen sind verheiratet oder waren es in ihrem Leben mindestens einmal (MARTENSTEIN 2002). Diese Punkte belegen das Streben nach Zweisamkeit bzw. faktische Familienorientierung.

Gegensätze ziehen sich an, Analogien auch

Wie bereits erwähnt, nehmen die Scheidungsraten kontinuierlich zu. Ferner ist eine abnehmende Heiratsneigung zu verzeichnen. Im Jahr 2001 haben 389.594[10] Eheschlies-

---

9 Manch einer war als Kind oft selten mit sich alleine, sodass er als Erwachsener sofort unerträgliche Langeweile und Unruhe empfindet, sobald äußere Reizarmut entsteht. Daher resultiert oft auch der permanente Antrieb zur Geselligkeit und Partnerschaft.

10 Vom STATISTISCHEN BUNDESAMT als »vorläufiges Ergebnis« gekennzeichnet.

sungen stattgefunden (STATISTISCHES BUNDESAMT 2002). Der Trend ist seit mehr als 10 Jahren rückläufig. Ausnahme war lediglich das Jahr 1999. Es drängt sich die Frage auf, ob nicht die Wahrscheinlichkeit einer Scheidung bereits bei der Partnerwahl bestimmt werden kann.

In meinen Flirt- und Kommunikationsseminaren werde ich oft gefragt, ob eine Ähnlichkeit der Partner für eine höhere Ehezufriedenheit garantiert oder der Volksmund recht behält mit seiner Überzeugung, dass Gegensätze sich anziehen. Glücklicherweise wird in diesem Bereich ausgiebig geforscht, die Wissenschaft ist sich aber des Mankos bewusst, vieles noch nicht zu wissen. Es gibt mittlerweile mehr als 700 Untersuchungen, die Bedingungen für positive Partnerschaftsbeziehungen thematisieren (HAHLWEG 2002). Die Forschergruppe SCHINDLER, HAHLWEG & REVENSTORF (1998) hat die Ergebnisse zusammengefasst. Folgende Variablen, die *beide* Partner mit in die Ehe einbringen, wirken sich demnach positiv auf die Partnerschaftszufriedenheit aus:

- Dauer der Bekanntschaft vor der Ehe,
- soziale Eingebundenheit,
- vermutete Ähnlichkeit,
- Libido,
- Liebe,
- sexuelle Zufriedenheit,
- Verständnis,
- Kommunikation,
- Selbstöffnung,
- Ausdruck von Emotionen,
- Empathie,
- Problemlösungskompetenz,
- Kameradschaftlichkeit,
- Rollenkompatibilität,
- egalitäre Machtverteilung.

Wie man leicht sehen kann, scheint eine Abhängigkeit der Zufriedenheit mit der Ähnlichkeit der Charaktere der Partner zu bestehen. Die Forschergruppe resümiert demnach auch, dass es fast keinen Hinweis darauf gibt, dass sich Unähnlichkeit der Individuen positiv auf eine Ehe auswirke. Somit muss die Annahme des Volksmundes »Gegensätze ziehen sich an« zunächst einmal verneint werden.

Nun ist aber auch häufig zu beobachten, dass sich Menschen reizen und anziehen, die, objektiv betrachtet, wenig bis gar nichts gemein zu haben scheinen – am wenigsten temperamentvolle Übereinstimmungen. Ein stereotypes Beispiel einer Paarbildung, welches aber im Alltag gewiss nicht selten vorkommen dürfte, ist folgendes: das Paar ist seit 6 Monaten zusammen. Thomas, ein hohes Tier in der Industrie, Anfang 50 und frisch geschieden, beeindruckt durch Maskulinität und Rationalität, Eloquenz und Etikette. Christina wiederum, seine neue Flamme, stammt aus niedriger sozialer Schicht, weist eine unglaublich starke sexuelle Anziehungskraft auf und ist blutjung. Außerdem sehr emotional. Sie versteht es, das Leben zu leben, wie man sagt. Sie hat außerdem Probleme, beim aristokratischen Takt und Stil mitzuhalten. Thomas hilft ihr dabei gerne. Bei gesellschaftlichen Anlässen in gehobenen Kreisen ist das Paar das Thema des Abends. Hinter vorgehaltener Hand, versteht sich.

Die »vernünftigen« Gesetzmäßigkeiten der Partnerwahl scheinen in diesem Fall nicht eindeutig der Gleichheitshypothese zu entsprechen. Alternative Antworten geben in diesem Fall die Evolutionsbiologie und Tiefenpsychologie.

Evolutionsbiologen würden möglicherweise so argumentieren: der Mann hat seine Partnerin auf Grund ihrer optimalen biologischen Fortpflanzungsfähigkeit gewählt, ihre physiologische Attraktivität hat ihn hauptsächlich angezogen. Nach BUSS (2000) bevorzugen Männer bei der Partnerwahl begehrenswerte Frauen. Das männliche Hauptziel Sex steht dabei ganz hoch im Kurs. Christina dagegen hat sich bereitwillig auf einen Partner eingelassen, der hohe Versorger- und Beschützermerkmale suggeriert, einen hohen gesellschaftlichen Status repräsentiert und durch Intelligenz beeindruckt. Letzteres ist im Allgemeinen ein anziehendes Merkmal für Frauen (GRAMMER 2002).

Ein Psychoanalytiker könnte beispielsweise zur Erklärung des Phänomens auf ein immenses Minderwertigkeitsgefühl des Mannes (vgl. ADLER 1920/1965), falls vorhanden, verweisen, das er damit überkompensiert, also mit Erwachsenenfassade verdrängt, indem er sich eine vermeintlich unterlegene Partnerin auswählt, vor der er sich zeitlebens behaupten kann. Möglicherweise waren auch ihre ausgeprägten emotionalen und leidenschaftlichen Seiten deshalb so anziehend für ihn, weil er im Beruf, also die meiste Zeit des Tages, seinen Mann stehen muss. Thomas' emotionale (weibliche) Seite, die jeder Mann auch hat, wurde also unterdrückt. Den Ausgleich sucht er demnach bei einer Lebensgefährtin, bei der er nicht mehr ausschließlich der rationale Kopfmensch ohne Neigungen sein muss, sondern auch das Gegenteil sein darf: Gefühlsmensch.

Nach C.G. JUNG (1928/2001) hat jeder Mensch, unabhängig vom biologischen Geschlecht, kognitive Männlich- und Weiblichkeit, von ihm als »Archetypen« benannt, in seinem psychischen Apparat vereint. Die kognitive Zweigeschlechtlichkeit hat sich demnach in der frühen Kindheit durch den Einfluss von Vater und Mutter psychisch konstruiert. JUNG nennt die maskulinen Anteile »Animus«, die weiblichen »Anima«. Sowohl Männer als auch Frauen haben also männliche und weibliche Seiten. Das jeweils anders Geschlechtliche wird aber überwiegend ins Unbewusste verdrängt. JUNG spricht von unseren »Schatten«. Damit sind die dunklen Bereiche in uns gemeint, die wir nicht wahrhaben wollen und deshalb abspalten. Eine Ursache dafür ist beispielsweise die geschlechtsspezifische Erziehung. Stereotyp instrumentelle (maskuline) Männer verbannen deshalb ihre femininen Charakteristiken in ihr Unbewusstes, weil sie »echte« Männer sein wollen und sollen. Das wird bereits in frühester Kindheit vermittelt: Jungs dürfen nicht weinen, sich aber eher raufen, sollen mit technischem Spielzeug umgehen, können rumtoben. Aus der geschlechtsspezifischen Erziehung und Sozialisation resultiert im Übrigen auch die Höherbewertung des männlichen Geschlechts gegenüber dem weiblichen. HURREL-

MANN (2001, 279) fasst zusammen: »Bis in die Gegenwart hinein sind in breiten Schichten der Bevölkerung feste Vorstellungen darüber vorhanden, welche Verhaltensweisen und Persönlichkeitsmerkmale als typisch „männlich" und typisch „weiblich" gelten können. So wird männlichen Kindern, Jugendlichen und Erwachsenen ein großes Ausmaß von aktivem und durchsetzungsbezogenem Verhalten zugestanden [...], weiblichen Kindern, Jugendlichen und Erwachsenen [werden] stärker gefühlsbetonte und auf Unterstützung anderer ausgerichtete Verhaltensmerkmale zugeschrieben.«

In unserem beschriebenen Beispiel ist Thomas also deshalb auf die emotionale Christina geflogen, weil sie seinen verdrängten Bereich, seine Leidenschaften und Gefühle stimuliert hat. Diese sind dann eindrucksvoll hervorgebrochen, indem er sie aller Vernunft zum Trotz auserwählt hat. Doch ich greife der Thematik der unbewussten Partnerwahl ein gutes Stück vorweg, weiter unten wird der Mechanismus ausführlicher erklärt. Ich will an dieser Stelle lediglich vorab darauf hinweisen, dass die Partnerwahl zu Unrecht verharmlost wird. Man denke an das »Ach Gott, mach' dir keine Gedanken, auf jeden Topf passt ein Deckel«. Oder man rufe sich die mediale kitschige Darstellung in schnulzigen Filmen ins Bewusstsein. Es ist oft nicht so leicht, wie es aussieht. Es gibt fast keinen Bereich, in dem unbewusste Prozesse eine derart wichtige Rolle spielen (siehe auch DAMM 2002a), von der Dynamik einer Zweierbeziehung einmal abgesehen.

2.1 Warum wir genau diesen und nicht jenen Menschen wählen – Gesetze der Partnerwahl aus den Perspektiven der Tiefenpsychologie und Humanethologie

Fragt man Partner, unter welchen Umständen sie sich kennen gelernt haben, werden manchmal recht wundersame Geschichten erzählt. Eine populäre Variante: es war Zufall. Wenn man sich nicht genau an dem Ort zu genau *der* Zeit aufgehalten hätte, dann wäre man sich *nie* über den Weg gelaufen und demnach heute mit einem anderen Menschen zusammen. Eine andere sehr beliebte Begründung: es war *Schicksal*. Demnach existiert ein tieferer Sinn, warum genau dieser und kein anderer Mensch gefunden wurde. Nun, solange dieser Sinn nicht metaphysisch gemeint ist und z.B. auf einen höheren (göttlichen) Grund verweisen soll, dann stimme ich gerne zu. Es verhält sich nämlich so, dass das Wesentliche gerade nicht vernünftig ist.

Die Gesetze der Partnerwahl sind in den meisten Fällen nicht in der Logik oder Abstraktion aufzufinden. Das Techtelmechtel zweier Individuen, die ein Paar werden, ist meistens ein Endergebnis zahlloser irrationaler Prozesse, die oft den Beteiligten nicht bewusst sind. Auszunehmen sind bekanntermaßen die Vernunftheiraten, die von den Eltern der Partner bestimmt werden. Außerdem diejenigen Eheschließungen, die wegen einer unvorhergesehenen Schwangerschaft – oft vorschnell – getätigt werden. Das dürfte es heutzutage nur noch vereinzelt geben, der Zwang von Staat, Stadt, Dorf oder Eltern ist weit gehend gebrochen. Einerseits: gut so, andererseits: die Scheidungsraten steigen.

Im Folgenden möchte ich – unter Einbezug der Sichtweisen von Evolutionstheorie und Tiefenpsychologie – deutlich machen, *welche* strukturierten unbewussten Mechanismen die Partnerwahl beeinflussen und auch determinieren.

Das Unbewusste – Spiegel der Vererbung und geheimer Sehnsüchte aus der Kindheit

Zunächst möchte ich das Unbewusste aus Sicht der Tiefenpsychologie erklären, um dann auf verschiedene interdisziplinäre Feldexperimente der Sozialpsychologie und Evolutionstheorie hinzuweisen, die auf Gegebenheiten und Phänomene im alltäglichen Miteinander verweisen, welche dem Wachbewusstsein meistens verschlossen und in der Tat unbewusst sind.

Der gesunde Menschenverstand sagt uns zunächst, dass wir vernünftige Wesen sind, die tun und lassen können, was sie wollen. Wir sind im Allgemeinen davon überzeugt, Herr über uns selbst zu sein. Dem ist aber oft nicht so. Ein großes Verdienst von FREUD (1904/2000) war, dass er auf die irrationalen Fehlleistungen hingewiesen hat, die uns Menschen unterlaufen. Die tiefenpsychologische Tradition nimmt daher an, dass es innerhalb des psychischen Apparats eine Instanz gibt, die der Mensch vielleicht doch nicht so gut unter Kontrolle hat, wie er es gerne hätte, sondern vielmehr *sie ihn*. Im Folgenden werden Exempel zur Erklärung des Unbewussten und das Verhältnis zur Vernunft gegeben:

- Sehr passende Beispiele für typisch menschliche Fehlleistungen hat STORCH (2002, 30) gegeben: »Sie sind auf eine Party eingeladen und wollen sich besonders gut/selbstsicher/gelassen/kompetent/liebenswürdig oder was auch immer zeigen. Was passiert? Sie betreten den Raum und stolpern vor versammelter Gesellschaft über den Teppichrand, fallen hin, und ausgerechnet der Mensch, den sie am wenigsten leiden können, reicht Ihnen großzügig die Hand, um Ihnen beim Aufstehen zu helfen.«
- Manchmal verlieren wir den Kopf und der »Gaul geht mit uns durch«. Nehmen Sie z.B. Streitgespräche, bei denen wir im Nachhinein mehr als lächerliche Statements ausgesprochen haben. Und wir sagen dann später, wenn wir uns beruhigt haben: »Da habe ich mich gar nicht mehr gekannt, das passiert mir nie wieder.« Das ist in den meisten Fällen ein Irrtum. Erstaunlicherweise wiederholen wir so ziemlich gesetzmäßig unsere unvernünftigen Verhaltensweisen in ähnlichen Situationen (z.B.: »Bei der nächsten Prüfung fange ich früher an zu lernen«).
- Vernünftige Vorsätze an Sylvester für das neue Jahr, etwa ein Laster abschaffen wollen, werden selten auch wirklich umgesetzt.
- Irrationale Ängste, Neurosen und Phobien lassen sich des Öfteren auf traumatische Erlebnisse in der Kindheit zurückführen, die der Betroffene im Erwachsenenalter ins Unbewusste verdrängt hat. Er oder sie weiß es schlicht und einfach nicht mehr. Dann kann z.B. jemand kein Flugzeug mehr besteigen, obwohl es rational doch kein Problem darstellen dürfte (man denke auch an Höhenangst, Klaustrophobie, Kleptomanie). Diese Phänomene verweisen auf starke irrationale Strukturen. Diese schränken unsere Wahlfreiheit ein.
- Vernunftwidrige Scham beim Sex, die man sich rational nicht erklären kann, entsteht oftmals durch eine autoritäre und lustfeindliche Erziehung, bei der der Sexus so weit wie möglich ausgeklammert wird (»Das macht man nicht!«).
- In Träumen, Phantasien und Wunschvorstellungen zeigt sich das Unbewusste, und manch einer hätte nie gedacht, dass er *solche* Phantasien haben könnte.
- Unbewusst sind generell auch ganz alltägliche Dinge: Essgewohnheiten, Körpersprache, der Dialekt, den man spricht, Norm- und Wertvorstellungen, Riten.
- Frauen, die bei der Partnersuche stets an aggressive und schlagende Männer geraten, befinden sich in einem Teufelskreis, der ihnen im Großen und Ganzen oft nicht bewusst ist (»Warum gerate ich immer an diese Männer?«). Nach der Tiefenpsychologie ist die Partnerwahl von den Kindheitserfahrungen mit den Eltern abhängig.
- Manche Freund- und Bekanntschaften enden häufig fortwährend aus demselben Grund, d.h., ein immer wiederkehrendes Thema gibt den Ausschlag für den Bruch. Suchen wir unbewusst solche Charaktertypen?
- Verlust der Kontrolle passiert insbesondere in den Bereichen Sexualität und Aggression. Dies sind nämlich mächtige unvernünftige Antriebe.

- SCHOPENHAUER (1859/1988, 243) beschrieb als Erster treffend den Mechanismus der Verdrängung von Wünschen ins Unbewusste, die man nicht haben darf: »Wir können Jahre lang einen Wunsch hegen, ohne ihn uns einzugestehen, oder auch nur zum klaren Bewußtsein kommen zu lassen; weil der Intellekt nichts davon erfahren soll; indem die gute Meinung, welche wir von uns selbst haben, dabei zu leiden hätte: wird er aber erfüllt, so erfahren wir an unserer Freude, nicht ohne Beschämung, dass wir dies gewünscht haben: z.B. den Tod eines nahen Verwandten, den wir beerben.«
- Manche Menschen haben im Durchschnitt mehr Unfälle im Leben und sind häufiger (psychosomatisch) krank als andere. Psychotherapeuten sprechen oft von einem unbewussten Selbststrafbedürfnis, welches aus einem schwachen Selbstwertgefühl resultieren kann. Diese Menschen unterstützen paradoxerweise unfreiwillig die helfenden Berufe. Denn: keine Kranken, keine sozialen Berufe.

Diese Beispiele sollen genügen, um die Relevanz von irrationalen Anteilen in unserer Persönlichkeit darzustellen. Ich kann uns allen nur ans Herz legen, sich den eigenen inneren Abgründen des Öfteren zu stellen. Denn wie soll man sich sonst wirklich kennen und akzeptieren lernen?

Das Persönlichkeitsmodell der Tiefenpsychologie berücksichtigt, wie erwähnt, vor allem die Gefühls- und Affektbereiche, das Irrationale in uns. FREUD (1930/2000) definierte in seiner letzten Schaffensperiode den psychischen Apparat als bestehend aus drei grundlegenden Kräften, die mit sich im Widerstreit liegen. Das war seine Pionierleistung:
- *Es* (Sexual-, Überlebens-, Aggressionstrieb, Vererbung, Evolution, Körpersprache, Ort des positiven und negativen Lustempfindens, hauptsächlich unbewusst),
- *Ich* (Selbstbewusstsein, Sinneswahrnehmung, Selbstbehauptung, Vernunft, das organisierende Vermögen, bewusst) und
- *Über-Ich* (Gesellschaftsmoral, Gewissen, die Ansichten der Eltern, das »Man« der Gesellschaft, hauptsächlich unbewusst).

Diese Einteilung wird, abgesehen von einigen Modifizierungen der Neo-Psychoanalyse, von den meisten gegenwärtigen tiefenpsychologischen Ansätzen beibehalten. Das Fazit von FREUD und seinen Nachfolgern: »Das bewusste Ich ist nicht Herr im eigenen Haus.«

Was nützt uns nun das Wissen um unbewusste psychische Inhalte im Alltag? Ein wesentlicher Vorteil ist, dass Sie anhand der unwillkürlichen Körpersprache einschätzen können, ob Sie interessant oder »abturnend« auf fremde Menschen, Singles oder sonstige Gesprächspartner wirken. Frei nach dem Lustprinzip reagiert intuitiv das *Es* in uns (die innere Stimme, der Gefühlsbereich) auf Reize von außen mit Hinwendung (positive Mimik) oder Ablehnung (Vermeidung des Blickkontakts = negative Mimik). Mimik und Gestik unseres Gegenübers verraten demnach seine wahren inneren Impulse. Diese sind dem Signalgeber generell nicht bewusst, wie erwähnt. Jeder hält sich ja für vernünftig und willensfrei. Für unfreiwillige Singles und Berufstätige bietet sich also eine Interpretation der Körpersprache des Gegenübers an, um sich ein Bild zu machen, ob man ankommt oder nicht.

Flirtverhalten – biologische und tiefenpsychologische Grundlagen

Achten wir also, wenn wir auf einen Flirt aus sind, egal in welcher Situation, unbedingt auf die spontane Reaktion (Körpersprache) des Gegenübers. Mimik und Gestik lügen nicht und sagen fast alles aus – ohne Worte. Der Ausdruck des Körpers ist ein menschliches Existenzial und somit uralt. »[Körpersprache] ist eine Sprache, deren Entstehungsgeschichte weit vor der Werdung des Menschengeschlechts datiert, eine Sprache, die sich im Laufe der Evolution mit komplexen Mechanismen herausgebildet hat« (TRAMITZ 1995, 13). Die Bedeutung der Körpersprache müssen wir daher nicht erlernen, ihr Verständnis ist uns angeboren (EIBL-EIBESFELDT 1997).

Nehmen wir die Mimik als Beispiel. Der unwillkürliche Gesichtsausdruck ist das Produkt der Evolution (EKMAN 1973). Von Geburt an blinde Menschen zeigen die gleiche Mimik bei verschiedenen Empfindungen wie unbenachteiligte Individuen. Dies beweist, dass kein beobachtbares Vorbild für das Ausdrucksverhalten existieren muss. Der unbeabsichtigte Gesichtsausdruck kehrt also die inneren Vorgänge, d.h. die wahren Emotionen, nach außen und begleitet fortwährend die verbalisierte Sprache. Das grundlegende Ausdrucksverhalten des Gesichts kann innerhalb von Sekundenbruchteilen diese Gemütsstimmungen suggerieren: Freude, Lust, Leidenschaft, Liebe. Aber auch diese Unlustzustände: Angst, Furcht, Ekel, Trauer. Fazit: die feineren Nuancen der Mimik gilt es effizient zu erkennen. Sie signalisieren demnach Interesse oder Desinteresse an spontan geknüpften zwischenmenschlichen Beziehungen.

Wenn wir also am ominösen Donnerstagabend (Afterworkparty) irgendeine Räumlichkeit betreten, taxieren wir vorab so viele potenzielle (Flirt-)Partner wie möglich mit einem aufmerksamen und ruhigen Blick. Bereits in der ersten Phase der Annäherung, der Aufmerksamkeitsphase (GIVENS 1978), gilt es nämlich, positive Reize auszusenden und somit zusagende Reaktionen zu provozieren. Sollten wir auf das andere Geschlecht attraktiv wirken, so zeigen es diese Individuen dann dadurch, dass ihre Augen immer mal wieder zu uns zurückkehren. Grundlegendes Wohlgefallen an unserer Ausstrahlung ist somit sehr wahrscheinlich vorhanden. Das will zwar noch nichts heißen, das Wichtigste ist aber geschehen: Interesse an unserer Erscheinung. Natürlich wird es so sein, dass die Mehrzahl der kontaktierten Personen aus dem Unternehmen Partnersuche herausfällt, das ist ganz normal. Dazu sind Menschen zu unterschiedlich, obschon viele zumindest als Sexualpartner in Betracht kommen. Wer einen Blickwechsel mit uns verweigert, der zeigt Gleichgültigkeit. Dann heißt es: auf zu neuen Ufern. Männer und Frauen offenbaren übrigens unterschiedliche unbewusste Verhaltensmuster, die den anderen zum Flirten und Ansprechen animieren sollen; wir werden unten darauf zurückkommen.

Natürlich, und das ist ein sehr wichtiger Punkt, ist das Wissen um die eigene Charakterstruktur unumgänglich bei der ernsthaften Partnersuche, die ja außerdem noch präventiv gehandhabt werden sollte. Nur so können wir Teufelskreise aufsprengen, falls Sie, liebe LeserInnen, in solchen gefangen sein sollten. Wie etwa der hier: wieso gerate ich immer an dieselben Männer (oder Frauen) mit den charakteristischen Eigenschaften wie z.B. extrem untreu, bemutternd, bevormundend, nymphoman, oral-fixiert, haltlos, nicht zu befriedigen (materiell und sexuell), angstvoll, linientreu, diszipliniert, spaßfrei, *über-ichig* usw.? Das Problem ist weit verbreitet. Ich will daher auf wichtige tiefenpsychologische Aspekte verweisen, die bei der Partnerwahl sehr ausschlaggebend sein können, wenn man nicht um sie weiß. Gewöhnlich werden Partner angezogen und unbewusst ausgewählt, die am wenigsten zu einem passen, und man selbst genauso wenig zu ihnen.

C.G. Jung – Animus und Anima

In der Publikation *Die Sehnsucht der starken Frau nach dem starken Mann* von Maja STORCH (2002) geht es um nach außen hin »starke« Frauen. Sie fühlen sich *ausschließlich* von extrem maskulinen Männern angezogen. STORCH geht von der Tiefenpsychologie C.G. JUNGs (1928/2001) aus. Die charakteristische starke Frau, von der STORCH spricht, definiert sich völlig durch stereotyp maskuline Reaktionen im (Berufs-)Alltag. Sie ist meistens im Job sehr siegreich und durchsetzungsfähig, eben dem männlichen Stereotyp gemäß. Weibliche Denk- und Verhaltensweisen und auch infantile Wünsche werden unbedingt verdrängt und abgespalten. Diesen Typ Frau trifft man u.a. in der freien Wirtschaft (Managerin oder in der mittleren/höheren Führungsebene), an Universitäten (Dozentin) und im Showbusiness (Moderatorin, Model usw.). Warum geben sich diese Frauen so extrem maskulin im Alltag?

In der Kindheit haben die starken Frauen des Öfteren mit angesehen, dass die eigene Mutter sich einem herrischen und strengen Vater untergeordnet hat. Weil man dieses Szenario nicht selbst erleben will, gibt sich die starke Frau nicht expressiv, sondern stark und unabhängig, sodass die ganze Welt gleich Bescheid weiß, dass bei ihr die patriarchalische Nummer niemals ziehen wird. Nein, sie wird sich niemals unterordnen. Wie das nun aber bei jedem Individuum, irrelevant ob Mann oder Frau, nach JUNG so ist, so hat auch die starke Frau ihre schwachen (femininen) Seiten, und mag sie sich noch so vehement dagegen wehren. Diese schlummern ganz tief in ihr, sind im Unbewussten stationiert. Zwar stark verdrängt und kompensiert, aber dennoch existent. Wehe, wenn sie losgelassen werden!

Die für die starke Frau nicht bewussten Anteile werden dann aktiv, wenn ein vermeintlich starker Mann, ein »streunender Wolf«, das Revier kreuzt und sie mit seiner noch stärker ausgeprägten Unabhängigkeit und Durchsetzungskraft beeindruckt. Das kann etwa ein Pendant aus derselben Branche sein, ein äußerst erfolgreicher Mann, zu dem sie schmachtend emporschaut. Dann zeigt sich sehr beeindruckend die Macht des Irrationalen. Denn der eigentlich für schwach gehaltene feminine Bereich überwältigt die starke

Frau und sie fällt ins andere Extrem: sie wird ein schwaches Mädchen. Dieses schwache Mädchen ist für sie stets eine Schattenseite gewesen, d.h. dieser Teil war abgespalten. Verlieben sich starke Frauen, dann zeigen sie ähnliche Verhaltensweisen wie die eigentlich von ihnen verschmähten femininen (schwachen) Frauen, die Tussis[11]: »Sie [die starke Frau] steht mit Herzklopfen am Fenster und wartet darauf, dass sein Auto an der Wegbiegung sichtbar wird. Sie kann nicht mehr arbeiten, ist verstreut bei wichtigen Geschäftsterminen [...]« (STORCH 2001, 151). Sollte es sich so fortentwickeln, dass die beiden ein Paar werden, dann hat der Mann nicht selten die zermürbende Aufgabe zu erfüllen, dass er allezeit stereotyp maskulin ihr gegenüber auftreten soll. Denn die starke Frau projiziert ausschließlich alle phantasievollen maskulinen Ideale, d.h. die Sehnsüchte und Wunschvorstellungen aus der Kindheit (dem eigenen Vater gegenüber, also ihr Animus), auf ihn, was auch bedeutet, dass sie sich ihm gegenüber passiv und hilflos gibt. *Er* hingegen darf *nie* schwach sein, sonst bricht die Illusion zusammen. Eine sehr extreme und erzwungene Rollenverteilung. Die Beziehung kann über kurz oder lang insofern nur scheitern, weil die beiden ihre Rollen zementieren und somit die Partnerschaft von einer Weiterentwicklung abhalten. Natürlich wird sich der »streunende Wolf« nie zu einem braven Hausmann umbiegen lassen – es sei denn, er will es selbst. Denn wenn er es nach einiger Zeit wäre, dann würde er – na, was wohl? – uninteressant sein. Die starke Frau wird enttäuscht von ihrem Partner sein, weil sie einsehen muss, dass das projizierte Bild nicht der Realität entspricht. Welcher Mann ist wirklich *immer* ein Mann? Der Einfluss der Mutter ist gerade bei Männern in der Kindheit nicht zu unterschätzen. Deshalb will das starke Geschlecht generell auch zeitweise behütet und umsorgt werden.

Der unbewusste Mechanismus der starken Frauen trifft natürlich auch auf starke Männer zu, in denen ja auch weibliche Tendenzen bestehen. Je maskuliner sich also ein Mann gibt, desto eher können Sie davon ausgehen, dass starke Verdrängungsarbeit geleistet wird. Wenn Männer und Frauen einsehen würden, dass die Gesellschaft und Erziehung vorgeben, was männlich und weiblich ist, dann würden die Geschlechter sich nicht länger gegenseitig in erwünschte Formen pressen. Aber ich denke, dass wird sich in naher Zukunft nicht ändern, lasse mich aber gerne eines besseren belehren.

Kommen wir aber zurück zu starken Männern, die ihre feminine Seite in den Schatten verdrängt haben. Das Unterdrückte kommt irgendwann zum Vorsch(w)ein, das habe ich bereits erwähnt. Je instrumenteller ein Mann auf der Piste erscheint, desto wahrscheinlicher wird er in der Beziehung nach und nach einerseits seine femininen Charaktereigenschaften zeigen wollen, andererseits der Frau die instrumentelle Rolle zuordnen. Denn er

11 Mit diesem Begriff beschreibt STORCH (2001, 46) einen Typus Frau, der zwar unterschiedliche Namen hat, aber sich ganz spezifisch charakterisiert: »Es sind die schwachen Frauen, meist zart und zierlich gebaut [...]. Sie sind zerbrechlich und äußerst sensibel. Sie haben Rehaugen, gerne auch allerlei Krankheiten, geheimnisvolle und unergründliche Stimmungen und häufig reiche Männer, die ihnen die Arbeit abnehmen. Barbie verkörpert diesen Typ Frau ganz hervorragend. Diese Frauen haben manchmal studiert, aber sofort nach dem Studium geheiratet und nie selbst ihr Geld verdient.«

projiziert in ihre Person seine femininen Ideale (= Anima = Einfluss der Mutter). Im tiefenpsychologischen Kontext wird dieser Vorgang »Anima-Projektion« genannt. Und nicht wenige Frauen, die ihr männliches Pendant in der Zeit der Annäherung und des Verliebens unbewusst zum Super-Mann idealisiert haben, werden vor Enttäuschung nur so aus der Haut fahren. Sie müssen nämlich ihr Ideal aufgeben, d.h. ihre »Animus-Projektion« zurücknehmen.

Letztendlich ist es ratsam, so dürfen wir schlussfolgern, sich mit seinen beiden inneren kognitiven Geschlechtern anzufreunden, damit diese ohne Ängste ausgelebt werden können. Eine Integration beider Pole in unsere Lebensphilosophie wirkt sich positiv auf unser seelisches Befinden aus, denn wir können – ohne Bedenken haben zu müssen – einmal maskulin, ein anderes Mal feminin sein. Einfach ist der Weg zur praktizierten Androgynie sicherlich nicht, denn dafür muss man sich selbst zunächst in Frage stellen und seine abgespaltenen Persönlichkeitsmerkmale kennen lernen wollen. Ich wünsche Ihnen viel Glück dabei. Der maßgebliche Vorteil einer homogen präsentierten Individualität wäre der, dass, falls Sie eine starke Frau oder ein ebensolcher Mann sind, Sie nun auf der Piste nicht länger Partner anziehen, die überwiegend den anders geschlechtlichen Elternteil, also ein Ideal in Ihnen sehen wollen. Alles, was extrem ist, ist auf Dauer nicht durchzuhalten.

Das gilt übrigens auch für andere Facetten von uns. Die meisten Menschen vereinigen viele Gegensätze in ihrem Charakter: stark – schwach (wie erwähnt, im Sinne von stereotyp männlich bzw. weiblich), penibel – unordentlich, willensstark – launisch, geizig – verschwenderisch, sanftmütig – aufbrausend, abenteuerlustig – sicherheitsvernarrt, kontrolliert – freizügig, romantisch – leidenschaftlich, geradlinig – chaotisch, mutig – ängstlich etc. Wir sind oft mal so, mal so. Diese wenigen Begriffspaare sollen ein kleines Stück weit die reale Komplexität der menschlichen Psyche beschreiben. Es ist niemand nur willenstark und penibel, sondern auch leidenschaftlich und chaotisch. Auch wenn wir es verdrängen. In jedem Feuerwehrmann steckt auch ein Brandstifter, sagt der Volksmund.

Haben wir Mut und zeigen wir daher einige Gegensätze, die unseren Charakter faktisch ausmachen, unserem Gegenüber bzw. Partner. Haben wir Mut und geben so viel wie möglich von unseren gegensätzlichen Facetten preis. Wenn wir es nicht tun und nur die gesellschaftlich erwünschten Eigenschaften aus dem Ärmel schütteln, dann bekommen wir in Zukunft, falls eine Partnerschaft mit einem Menschen entsteht, der *nur* unsere Schokoladenseiten kennt, von diesem die untragbare Bürde auferlegt, *dass wir in einer Beziehung mit ihm auch vorwiegend nur Schokoladenseiten haben dürfen!* Eine sehr einseitige Geschichte. Dann fällt die Maske, die bei der Annäherung getragen wurde! Andere Bestrebungen werden manchmal vom anderen regelrecht unterbunden. Was auf Dauer auch nicht gut geht. Das endet nicht selten in einer langwierigen Paartherapie. Der adäquate Vorwurf lautet dann: »Am Anfang warst du aber ganz anders.« Das ersparen wir uns eher mit wahrheitsgemäßem Auftreten. Wir müssen im ganzen Leben mehr als genug Rollen spielen, jeden Tag. Dann doch aber bitte nicht auch noch im ganz individuellen

Bereich, in der Partnerschaft. Doch dummerweise hat ehrlich ausgeübte Transparenz des Charakters auch des Öfteren einen schmerzhaften Nebeneffekt: natürlich besteht bei einer gewissen Aufrichtigkeit neuen Dates gegenüber immer die Gefahr, dass das Gegenüber sich von uns abwendet, weil wir uns nicht mehr so einfach in Idealbilder hineinpressen lassen. Schmerzlich, das kenne ich auch. Aber besser gleich einen anfahrenden Zug anhalten, als später die Kontrolle über das tosende Gefährt zu verlieren.

Halten wir fest: Der Mensch ist ein Gegensatz in sich selber: Vernunft und Gefühlsbereich. Zur Vertiefung kann ich alle Schriften von SCHOPENHAUER, NIETZSCHE, FREUD, ADLER empfehlen. Niemand ist nur das Eine oder Andere. Da hilft auf Dauer auch keine Idealisierung, unterstützt mit Machtgehabe und Aggression, ob sie nun von einem selbst ausgeht oder vom Partner betrieben wird. So entstehen Neurosen. Die Lösung: Ausgleich von Körper-Geist-Seele – dies ist ein richtiger Schritt entgegen unserer *über-ichigen* Zeit.

Jürg Willis Kollusionsmodell

> »Unter Kollusion verstehe ich das Zusammenspiel in einem neurotischen Paarkonflikt. Neurotisch meint, dass die Partner auf Grund innerer Fixierungen an unbewußte Konfliktsituationen aus der Kindheit nicht in der Lage sind, Differenzen zielgerichtet und sachbezogen miteinander zu bewältigen.« (WILLI 1975/2001, 185)

Wie oben ausgeführt, das Kollusionsmodell von WILLI ist im deutschen Sprachraum, d.h. in der gegenwärtigen Paartherapie, weit verbreitet. Auch bei ihm findet man die große Rolle des Unbewussten bei der Partnerwahl wieder. Natürlich ist nicht jeder Partnerschaftskonflikt auf Einflussfaktoren aus der Kindheit zurückzuführen, aber doch einige. Und die haben es in sich. WILLI beschreibt Partner, die auf einer Stufe der kindlichen Entwicklung »hängen geblieben« sind. Meistens gestaltet es sich so, dass sich Menschen anziehen, die auf derselben psychosexuellen Stufe stehen. Beide arrangieren sich unbewusst, dieses Thema in der Partnerschaft zu aktualisieren. Die Partner scheinen in der Therapie unterschiedliche Extremhaltungen zu vertreten. Aber es verhält sich häufig so, dass sie einfach denselben Konflikt unterschiedlich ausleben. Von einem in *überkompensierender Weise*, vom anderen in *regressiver Art*. Regression meint ein Zurückfallen auf kindliche Verhaltensweisen, Progression ist der Versuch, eigene Schwächen mit Erwachsenheitsfassade zu überspielen. Die Partner, so könnte man vorschnell schließen, passen also scheinbar perfekt zueinander. Weil sie sich gegenseitig in erwünschte Positionen hineinpressen, d.h. ihren Konflikt durch die ersehnte Interaktion mit dem anderen bewältigen wollen. Das Phänomen zeigt sich bereits in der Zeit der Annährung, wenn sich beide noch fremd sind. Das Verdrängte kommt aber, wenn die Partnerschaft/Ehe länger andauert, trotzdem immer wieder zu Tage, weil die Idealbilder, die beide vom Gegenüber errichtet haben, die Partnerschaft stagnieren lassen. Die Individuen bleiben in ihren Rollen gefangen. Krisen entstehen, wenn die Partner nicht flexibel sind und an ihren Idealen (Beschützer-, Umsorge-, Beherrschercharakter) aus der Zeit der Annäherung bzw. Partnerschaftsentstehung festhalten. So möchte z.B. ein Mensch, der sich bei der Partnerwahl schwach und passiv darstellte, auch selber mal umsorgen (u.a. Thema der *oralen* Kollusion, siehe unten). Einer, der scheinbar aktiv und stereotyp maskulin auftritt, möchte auch passiv und stereotyp feminin sein (Aspekt der *phallisch-ödipalen* Kollusion, siehe unten).

WILLI unterscheidet vier verschiedene Grundthemen von Kollusionen. Sie decken sich vornehmlich mit den Themen der frühkindlichen Entwicklungsstufen von FREUD. Es handelt sich um:

- die *narzisstische* Kollusion – »kreist um die Frage, inwieweit erfordern Liebe und Ehe, dass ich mich für meinen Partner aufgebe«;
- die *orale* Kollusion – »kreist um die Frage, inwiefern geht es in der Liebe und Ehe darum, sich nährend, pflegend und helfend umeinander zu kümmern«;
- die *anal-sadistische* Kollusion – »befaßt sich mit der Frage, inwiefern kann ich in Liebe und Ehe der autonome Führer sein, dem sich der Partner passiv zu unterziehen hat«; und schließlich
- die *phallisch-ödipale* Kollusion – »handelt von Liebe und Ehe als männliche Selbstbestätigung und Anlaß zu phallischer Bewunderung [...]. Bin ich als Mann verpflichtet, mich allzeit männlich-stark zu machen, oder darf ich auch gelegentlich passiven Strebungen nachgehen?« (WILLI 1975/2001, 61f.).

Anja – ein Ödipus-Komplex-Magnet

Ich möchte ein bezeichnendes Beispiel für die *phallisch-ödipale* Kollusion geben, denn sie kommt relativ oft vor. Eine gute Freundin von mir, nennen wir sie Anja, ist ein effektiver Ödipus-Komplex-Magnet. Sie charakterisiert sich durch einen femininen Körpertonus, hat ein sehr hübsches symmetrisches Gesicht, blonde lange Haare, 172cm, und sie ist 24 Jahre alt. Ihre Kleidung ist typischerweise bequem und sie selbst wirkt gemütlich und einfühlsam. Sie hat eine ruhige und angenehme Stimme, mit der sie locker Entspannungs-CDs aufnehmen könnte. Die wären Bestseller. Ihr würde man nach 5 Minuten das Herz ausschütten wollen. Diese erstaunlichen Erfahrungen hat sie auch schon gemacht. Anja studiert in Landau/Pfalz Grundschulpädagogik. Sie hat sich unbewusst einen gleichgeschlechtlichen Freundeskreis ausgewählt, der sie zuerst kontaktiert, wenn es Probleme in zwischenmenschlichen Beziehungen gibt oder sonstige Krisen und Ängste anstehen. Und davon gibt es viele. Sie hört gerne zu und gibt Ratschläge; wenn sie in guter Stimmung ist. In dieser Rolle fühlt sie sich wertvoll – anderen beizustehen. Wenn *sie* in Nöten ist, beschwert sie sich über ihre Rolle als Seelentante der Nation, der keiner hilft, wenn es ihr schlecht geht. Abgesehen davon will sie aber auch niemandem unnötig zur Last fallen. In Prüfungszeiten mit -ängsten meldet sich üblicherweise niemand von ihrem Bekanntenkreis, denn die Rollen sind vertauscht: sie ist hilfsbedürftig. Der Psychotherapeut Jürg WILLI würde sie höchstwahrscheinlich einen »mütterlichen Pflegecharakter« nennen können. Diese Menschen sind auf der ersten Stufe der psychosexuellen

Entwicklung, der oralen Phase (um das erste Lebensjahr herum), stecken geblieben (vgl. FREUD 1930/2000).

In intensiven und langen Gesprächen mit ihr kam heraus, dass sie stets Männer fasziniert hat, die in ihr eine perfekte Mutter und Pflegerin gesehen haben. Aber diese Männer wollten sie auf Teufel komm raus in der Zweierbeziehung nicht mehr aus ihrer Rolle lassen. D.h., stellte sie eigene Ansprüche, war sie in den Augen ihrer Partner egoistisch. Sie musste sich voll und ganz auf das Wohl des »Pfleglings« konzentrieren. Oftmals sind ihre Partner auf kindliche Entwicklungsstufen zurückgefallen: »Soll ich das und das machen?« Meistens imponierten diese Männer beim Kennenlernen interessanterweise durch ein maskulines Äußeres sowie ein ebensolches Verhalten. Einer von Anjas Verehrern – der interessanteste Fall – war 42 Jahre alt, verheiratet, zwei Kinder, und er erhoffte sich, mit ihrer Hilfe seine Familie verlassen zu können. Er idealisierte sie zur starken Frau, was sie ja eigentlich gerade *nicht* ist bzw. nicht für ihren *Geschlechtspartner* sein will oder kann. Sie sucht ja einen männlichen Lebensgefährten, der sie umsorgen soll, also ein maskulines Extrem verkörpert.

Mütterliche Pflegecharaktere, unabhängig vom biologischen Geschlecht, haben ein schwaches Selbstwertgefühl, Mutter und/oder Vater haben dafür gesorgt. Dieser Komplex wird im Erwachsenenalter oft in *der* Art und Weise überkompensierend verarbeitet, dass »hilfsbedürftige« Menschen um sich herum versammelt werden, die man bemuttern und umsorgen, d.h. denen man helfen kann. Die Menschen im sozialen Umfeld haben in der Regel *immer* irgendein Problem, welches sie nicht lösen können (oder wollen, sonst wäre es vielleicht langweilig). Mütterliche Pflegecharaktere können einerseits schlecht jemanden um etwas bitten, weil sie sich minderwertig fühlen, andererseits wollen sie auch keinen Dank für Dienste. Sie wählen häufig soziale Berufe, z.B. Krankenschwester, Arzt, Zivildienstleistender, Physiotherapeut, Lehrer, Pfleger, wo der unbewältigte Kindheitskonflikt ausgelebt werden kann. Dies geht auch als freiwilliger Helfer bei Rettungsdiensten oder beim Katastrophenschutz. Wie gesagt, die weiblichen mütterlichen Pflegecharaktere ziehen meist bei der Partnerwahl Männer an, die zwar denselben Grundkonflikt haben, aber diesen umgekehrt, nämlich mit stereotyp maskuliner Erwachsenenfassade überspielen. Mütterliche Pflegecharaktere fühlen sich stark von diesen Individuen angezogen, ersehnen sie doch inbrünstig, dass dieser Mensch stark genug ist, sie selbst zu umsorgen. Tja, leider ist dieser Mann häufig gerade *nicht* dazu fähig. Dies wird aber erst gemerkt, wenn die Partnerschaft beschlossen und einige Zeit vergangen ist. Oftmals wiederholt sich dieses Thema bei folgenden Partnern. Ein typischer Teufelskreis.

Jochen – ein über-ichiges Pendant

Ich hatte interessanterweise das Vergnügen genossen, ein typisches männliches Pendant zu Anja selbst kennen zu lernen. Jochen[12] rief mich im Frühjahr 2003 privat in Landau/

12 Der Name wurde natürlich geändert.

Pfalz an und fragte nach, ob er sich mit mir treffen könnte, es ginge ums Flirten und seine Probleme damit. Wir vereinbarten einen Termin in Kaiserslautern – er hatte eine längere Anreise zu bewältigen – am Martinsplatz in der Altstadt. Ich traf ihn gemeinsam mit Anja, sie wollte einmal mitkommen und sich das Ganze anhören. Jedenfalls trafen wir Jochen pünktlich um 19 Uhr, und er legte sofort los. Das Problem, so erzählte der 27-jährige Banker, sei seine schüchterne Art, außerdem wäre er bei Frauen sehr wählerisch. Seine Gestik war sehr feminin, sein Outfit aber äußerst mondän und somit stereotyp maskulin. Ich fragte ihn ein bisschen über seine Vergangenheit aus. Er ist das einzige Kind. Sein autoritärer Vater, der einen unglaublichen Ehrgeiz im beruflichen und privaten Bereich seit jeher hatte – wenn er einmal sonntags 2 Stunden vor dem TV saß, sagte er im vollen Ernst: »Mann, war ich heute eine faule Sau!« –, manövrierte die Berufswahl seines Sohnes in Richtung Bankgewerbe. Er war selbst dort tätig. Klang sehr stark *über-ichig*, der Gute. Vom eigenen beachtenswerten *Über-Ich* hatte der Vater während der Erziehung einiges auf seinen Sohn abgeladen, was sich z.B. bei Jochens höchst sittlichen Tischmanieren zeigte, ferner auch in einem interessanten Ritual, welches darin bestand, stets ein eigenes sauberes Taschentuch griffbereit zu haben, wenn er sich nach einem Besuch einer öffentlichen Toilette die Hände wusch und dann (damit) abtrocknete. Sehr auf Sauberkeit, Keimfreiheit und Reinheit bedacht. Seine Mutter, ihres Zeichens Krankenschwester, ist am 14. Geburtstag ihres einzigen Sohnes ausgezogen. Seitdem pendelt Jochen zwischen Mutter und Vater. Jedenfalls, das Wichtigste kommt jetzt. Es betrifft seine Partnerwahl. Er hatte insgesamt drei Frauen intensiv erlebt, die ihm alle nach einer gewissen Zeit wegen derselben Charaktereigenschaft auf die Nerven gingen. Diese Wesenheit hatte sie am Anfang noch reizvoll gemacht. Die erste dieser Frauen lernte er mit 16 Jahren kennen, sie machte eine Ausbildung zur *Krankenschwester*. Die zweite kam ihm mit 19 »ins Gehege«: *Physiotherapeutin*. Schlussendlich startete er eine im Nachhinein erfolglose Partnerschaft mit einer 23-jährigen Studentin. Ihr Fach: *Sozialpädagogik*. Er hielt es nach seiner Darstellung irgendwann mit allen dreien nicht mehr aus. Sie hatten ihn überwiegend bemuttert (mütterliche Pflegecharaktere?).

Ich fragte ihn, wie eng seine Beziehung zu seiner Mutter war und noch ist. Sehr eng, war die Antwort. Danach fragte ich ihn, ob es nicht sein könnte, dass der Fakt, dass seine Mutter aus derselben Berufssparte komme wie seine Ex-Freundinnen, irgendetwas bedeuten könnte. Da lachte er plötzlich los und brachte gerade noch die Worte raus: »Ach Gott, ich habe mir ja lauter Frauen ausgesucht, die mich an spezifische Seiten meiner Mutter erinnerten! Sie machten alle so einen umsorgenden Eindruck!«, und dann war's zu spät. Wir konnten am Schluss alle nicht mehr an uns halten und lachten, »bis der Arzt kam«. Zum Schluss fragte ich ihn noch, ob er Anja (Sie wissen, der Ödipus-Komplex-Magnet) reizend und anziehend fände. Ja, das fand er. Ach, es war einfach herrlich. Das war mal eine humorvolle Bewusstmachung von unbewussten Mustern, die einem noch *nie* in den Sinn gekommen waren, aber dennoch existent sind. Das geht auch oft viel schmerzvoller.

Er meinte, dass er auf dieselben Frauen stehen würde wie sein streng rationaler Vater: auf mütterliche Pflegecharaktere eben. Diese verkörpern nämlich die Schattenseiten von extrem maskulinen Männern. Genau wie sein Vater sucht er unbewusst einen bestimmten Typ Frau, nämlich den emotionalen und umsorgenden.

Nach unserem Treffen hat Jochen beschlossen, sich in den Bereichen Tiefenpsychologie und Humanbiologie ein bisschen fortzubilden. Sie sehen leicht, dass – von den Eltern – anerzogene rein *über-ichige* Maskulinität (Berufswahl und Verhalten betreffend) bewirken kann, dass weibliche mütterliche Pflegecharaktere unbewusst gezielt zur Partnerschaft ausgewählt werden, welche aber zwangsläufig oftmals sehr aufreibend wird.

So viel zu einer Variante der *phallisch-ödipalen* Kollusion. Ein Aphorismus von NIETZSCHE (1886/1982, 228) weist, aus meiner Sicht, interessanterweise auf die Entstehung eines mütterlichen Pflegecharakters in der Kindheit hin: »Manche Mutter braucht glückliche, geehrte Kinder, manche unglückliche: sonst kann sich ihre Güte als Mutter nicht zeigen.« Verwöhnen und verzärteln Mütter ihr Kind übermäßig oder binden es emotional zu eng an sich, dann ist es häufig für den Edukanten nicht möglich, ein eigenes autonomes Selbstbewusstsein zu entwickeln, d.h. eine reife Persönlichkeit. Im Erwachsenenalter werden dann überwiegend Mitmenschen in den Freundeskreis aufgenommen, die irgendeine Art von Hilfe gebrauchen können. Und davon gibt es ja anscheinend sehr viele. In diesem Umfeld kann das schwache Selbstbewusstsein durch selbst praktizierte Hilfeleistungen aufgewertet werden. Manchmal ist dies aber auch das einzige Bezugssystem. Denn selbstständige und reife Menschen sind bei der Auswahl des sozialen Umfelds überwiegend uninteressant. Man denke auch an bestimmte Krankenschwestern, die nur eine gesunde Beziehung zu einem Patienten haben, solange er einer ist (vgl. WILLI 1975/2001, 94ff.). Weibliche mütterliche Pflegecharaktere verehren bei der Partnersuche maskuline Männer, weil sie in diese ihre ganzen Wünsche und Ideale hineininterpretieren können. Die extreme Erwartung: du bist stark genug, um mich zu umsorgen. In einer Beziehung versucht man dann oft mit allen Mitteln, diese Konstellation aufrecht zu erhalten. Ein mögliches Beispiel: der mütterliche Pflegecharakter wird krank – Grippe. Drei Tage später wird der »Pflegling« psychosomatisch noch kränker, sodass er wieder bemuttert werden muss.

Lösung des neurotischen Konflikts

Nach WILLI (1975/2001, vgl. auch 1978/2001) profitieren neurotische Partner in Zweierbeziehungen erst dann voneinander, wenn die unausgesprochenen Idealvorstellungen und Anforderungen bewusst gemacht und dadurch aufgelöst werden. Dann ergibt sich die Möglichkeit, ganz flexibel und befreit zu agieren, ohne extreme Erwartungshaltungen zu vertreten. »Da man in der Paarbeziehung mit dem Ausgleichsverhalten des Partners rechnen kann, darf man sich eher mal regressives Verhalten leisten, ohne Angst vor sozialem Abgleiten haben zu müssen. Die Bewährung in stellvertretenden Hilfsfunktionen andererseits hebt das Selbstwertgefühl. Das gegenseitige Stützen und Gestütztwerden vermittelt den Partnern ein hohes Maß an Befriedigung und gibt eine wesentliche Motivation zur Paarbildung« (1975/2001, 21).

Die Positionen von WILLI und STORCH (bzw. JUNG) habe ich deshalb geschildert, weil die Problematik von unbewussten Wünschen, die in relevanten Erlebnissen in der Kindheit begründet sind, schwerwiegend in die spätere Partnerschaft einschlagen kann. Sollten sich zwei Menschen finden, die sich durch die genannten Wesenszüge charakterisieren und den anderen idealisieren, gibt es des Öfteren Konflikte. Einseitige extreme Darstellungsweisen, entweder unabhängig, stark, unantastbar oder unterwürfig, expressiv, hilfsbedürftig und schwach, sind demnach bei der Partnerwahl sehr nachteilig. Denn sie erleichtern es dem Gegenüber, uns in seine erwünschte Position hinein zu idealisieren. Am vorteilhaftesten wäre es, wie oben gesagt, wir würden an einer homogenen Persönlichkeit arbeiten, die uns selbst ferner ein ruhigeres Leben garantiert. Freunden wir uns mit unserem Animus und unserer Anima an.

2.2 Tipps für Männer und Frauen zur Steigerung der eigenen Attraktivität – das andere Geschlecht überzeugen

Kommen wir nun zu praktischen Tipps für die Piste, zum Inventar eines Flirtprofis. Wir beginnen mit der Gestaltung der Ausstrahlung, also mit dem Erscheinungsbild und der Körpersprache. Zentrales Thema wird im Folgenden sein, was man tun muss, um vom anderen Geschlecht überwiegend als sexy und anziehend empfunden zu werden. Grundlage sind die Erkenntnisse der Psychoanalyse, Humanbiologie und Sozialpsychologie.

Wer schön ist, der ist auch gut

> »Denn du bist schön (Chor: schön sein),
> dann macht auch das Blödsein nichts mehr aus.«
> (aus *Schön sein* von MEGAKERLS)

Wer physische Attraktivität im Erscheinungsbild aufweist, löst beim Beobachter in den meisten Fällen viele positive Empfindungen aus. Hübsche Menschen werden häufig so charakterisiert: interessant, sozial angepasst, sexuell attraktiv, sozial verständnisvoll, sexuell permissiv (GRAMMER 2002). Natürlich existieren diese subjektiven Zuschreibungen des Beobachters unabhängig davon, ob sie auch wirklich von diesem Menschen repräsentiert werden. Die Macht des ersten Eindrucks ist unglaublich groß.

Attraktive Personen erhalten interessanterweise auch einen Interaktionsbonus, der so genannte Halloeffekt tritt ein. Er stellt sich in der Form dar, dass man anziehenden Individuen eher aufgeschlossen gegenüber steht (ANDERSON & NIDA 1977). Außerdem vergibt man ihnen im Gegensatz zu Unattraktiven eher asoziales Verhalten.[13] Attraktive Kinder werden in der Schule bevorzugt, bekommen bessere Noten. Physisch interessante Menschen dürfen sich im Alltag an mehr Hilfeleistungen der Mitmenschen erfreuen als andere (BENSON et al. 1976). Der Grundsatz lautet: wer schön ist, der ist auch gut. Und obwohl beide Geschlechter in Umfragen (GRAMMER, zitiert nach BRENDLER 2003) angeben, dass sie den Charakter des anderen besonders wichtig bei der Partnerwahl finden, ist doch die Realität eine andere: Aussehen und Status sind entscheidend!

In diversen Feld- und Laborexperimenten gehen Sozialpsychologen und Humanethologen den Reizen des menschlichen Erscheinungsbildes auf den Grund, die im Großen und Ganzen beim Beobachter – oftmals sexuell motivierte – Aufmerksamkeit auslösen. Durch diese Merkmale wird allgemein Begehrlichkeit erweckt:

---

13 In diesem Zusammenhang fällt mir ein Interview mit der Schauspielerin René Russo ein, die vor ein paar Jahren zu den Dreharbeiten mit Mel Gibson befragt wurde. Leider weiß ich nicht mehr, um welchen Film es ging und wo ich es gelesen habe. Jedenfalls lautete eine Frage, an die ich mich erinnere, ob sie sich nicht an den üblen Tischmanieren von Gibson stören würde, wie z.B. lautes Rülpsen. Ihre Antwort: »Nein, es kommt ja aus Mel!« Das sagt viel aus. Sie wissen sicher, dass Mel Gibson ein Sexsymbol ist. Interessant wäre wohl Russos Stellungnahme gewesen, wenn ein anderer vom Set, kein Schauspieler, so aufgetreten wäre.

- Schlankheit,
- Fettlosigkeit des Gesichts und Symmetrie,
- gerade Nasen (nach RENSCH 1963),
- biologische Gesundheit ist besonders anziehend und wird vor allem durch vitale Zähne, glänzendes, volles Haar, klare Augen und einen überdurchschnittlich starken Muskeltonus vermittelt (GRAMMER 2002).

Frauen erscheinen anziehend, wenn sie einerseits *diese* infantilen Charakteristiken aufweisen (nach dem Konzept des Kindchenschemas, siehe z.B. CUNNINGHAM 1986):
- größere Augen,
- kleine Nase,
- größere Lippen,
- schmales Kinn,
- kindlicher Körper.

Kindliche weibliche Gesichter und eine dementsprechende körperliche Gestalt rufen bei Männern den allseits bekannten Beschützerinstinkt hervor. Denn die gemeinten Frauen werden oft als hilfsbedürftig und schwach eingeschätzt. Ein Nebeneffekt dieser intuitiven Interpretation ist, dass sie daher nicht dominant oder selbstsicher auf zahlreiche Männer beim ersten Treffen wirken – obwohl sie es vielleicht sind (HIRSCHBERG et al. 1978). Wir vom männlichen Geschlecht dürfen wissen: insbesondere überdurchschnittlich kleine Individuen kompensieren mit psychischer Stärke, Rationalität und Durchsetzungsvermögen. Demnach sind Vor- als auch Nachteile mit diesem Erscheinungsbild verbunden. Manche Männer fühlen sich verpflichtet, kindlich aussehende Frauen in einer Zweierbeziehung zu dominieren und klein zu halten, weil man sie beim Kennenlernen auf dieses Ideal hin festgelegt und zementiert hat. Damit versuchen auch nicht wenige Männer, ihr Selbstbewusstein aufzurichten.

Auf der anderen Seite sind auch Erwachsenenmerkmale von Frauen attraktiv:
- hervortretende Wangenknochen,
- eingefallene Wangen,
- hoch angesetzte Augenbrauen,
- vergrößerte Pupillen (HESS et al. 1965),
- weibliche Stimme,
- ausgeprägte weibliche sekundäre Geschlechtsmerkmale.

Man kann im Alltag feststellen, dass die kindlichen Merkmale oft mit erwachsenen kombiniert sind. Frauen, die von der Mehrheit der Männer als interessant interpretiert werden wollen, können versuchen, einige genannte Schlüsselreize auszusenden. Hoch angesetzte Augenbrauen, ein sehr effektiver Schlüsselreiz, kann man mit Unterstützung von Artikeln der Beauty-Branche andeuten, z.B. Augenbrauenstift, oder auch durch Augenbrauenzupfen. Eine reizende Augenpartie entsteht ferner leicht mit Wimperntusche, Lidstrich und Lidschatten. Darüber hinaus verfehlen ausgeprägte sekundäre

Geschlechtsmerkmale und andere Reize selten ihre Wirkung, etwa ein femininer Körpertonus, volles Haar, ein wohl gestalteter Busen (Push-up-BH), proportionierte, schlanke Beine (hochhackiges Schuhwerk), reine Haut (Solarium, Creme). Eine Kleidung, die einen homogenen weiblichen Eindruck macht, Make-up und anmutige Körperbewegungen gelten des Weiteren als äußerst weiblich und damit attraktiv (BROWN et al. 1986).

Die Modebranche und Beauty-Industrie bieten viele Möglichkeiten, um das weibliche Erscheinungsbild geschlechtstypisch und somit positiv zu gestalten. Stereotype Weiblichkeit ist für die Mehrheit der Männer am reizvollsten. Kurzum, sind Sie eine Frau, dann bringt Ihnen ein typisch weibliches Erscheinungsbild den maximalen Erfolg auf der Piste und im Beruf. Zur Körpersprache kommen wir unten.

Auch Männer können sich durch äußere Merkmale charakterisieren, welche dafür verantwortlich sind, dass sie einen Interaktionsbonus von Frauen erhalten. Sie lauten:

- Maskuline, tiefe und ruhige Stimme. Dies vermittelt Selbstsicherheit und Souveränität (wird auch mit hoher physischer Stärke in Verbindung gebracht),
- Körpergröße – Frauen legen eher Wert auf größere Männer (SHEPPARD & STRAHTMAN 1989),
- Körperpflege,
- schöne Hände,
- Erwachsenenmerkmale im Gesicht des Mannes,
- enge, statusorientierte Kleidung und ein natürlicher Bewegungsablauf (BROWN et al. 1986),
- Freundlichkeit und Intelligenz,
- alles, was biologische Gesundheit suggeriert – kann man durch ein gepflegtes Äußeres vermitteln,
- ein starkes Immunsystem (Schlüsselreiz für beide Geschlechter) überträgt sich auf den Körpergeruch. Frauen bemerken dies unbewusst und bleiben bei diesem Mann eher stehen (WEDEKIND, zitiert nach BRENDLER 2003). Also: Sport treiben, fit bleiben! Das stärkt das Immunsystem und man »riecht« uns Männern biologische Gesundheit an, wir erscheinen demnach attraktiv (WEINECK 2000).

An alle Männer: Überdenken wir unsere Ausstrahlung, fragen wir Freunde, wie sie uns sehen und einschätzen. Konsultieren wir auch das andere Geschlecht (vgl. auch DAMM 2002b). Platzieren auch Sie biologische Schlüsselreize. Vor allem relevant: maskuline, überlegene Körpersprache, tiefe Stimme, mondäne Kleidung.

Fazit: Geschlechtsstereotype Erscheinungsbilder und Körpersprache, so zeigen zahlreiche Untersuchungen der biologischen Schönheitsforschung, suggerieren die höchste Attraktivität. Je mehr ein Mann wie ein typischer Mann aussieht und sich so darstellt, desto eher wirkt er interessant – diese Grundaussage lässt sich auch auf Frauen übertragen.

Diese Erkenntnis, liebe LeserInnen, kann im Alltag durch die zielgerichtete und progressive Gestaltung des Erscheinungsbildes und der Körpersprache berücksichtigt werden. Der positive Effekt wird *deshalb* nicht ausbleiben, weil durch diese äußeren Reize bei den meisten Menschen unwillkürlich bejahende Denkweisen aktiviert werden. Sie sind angeboren und schwerwiegend. Stichwort: Halloeffekt. So wird Mann und Frau gleichermaßen des Öfteren beim Erstkontakt gleich in die *richtige* Schublade gesteckt: Sympathie entsteht, sie wird, man erlaube mir den Begriff, gewissermaßen »erzwungen«.

Mehrere Forschungsprojekte haben außerdem offenbart, dass Frauen Männer anziehend finden, die einen hohen sozialen Status haben oder suggerieren (zusammenfassend GRAMMER 2002) und intelligent wirken. Das kann jeder Mann durch das Tragen von seriösen Kleidungskombinationen und Eloquenz ausstrahlen. Die in Experimenten untersuchten Frauen hatten interessanterweise sogar Männer mit hohem Status bevorzugt, wenn Alternativen vorgegeben waren, z.B. attraktivere Geschlechtsgenossen mit niedrigerem Status. Männer hingegen agieren im Sinne der Evolutionstheorie, wenn sie, wie allgemein üblich, eher der physischen Attraktivität den Vorzug geben und dabei einen niedrigeren sozialen Status der Partnerin in Kauf nehmen (BUUNK & DIJKSTRA 1998). Männer stehen auf körperbetonte Kleidung bei Frauen, dies ist ein sexuelles Signal. Sexuelle Reize können auch künstlich hervorgehoben werden. Folgendes erscheint mir als das Wichtigste: *Bereits ein positiver Bereich des Körpers, z.B. proportionierte Beine, gesundes Haar, Kindchenschema, wohl geformter Busen, kann Männer schwach werden lassen.* Nur ein Bereich! Und ich behaupte, *jede* Frau hat mindestens eine biologisch-relevante Schokoladenseite.

So viel zu der Perspektive der Evolutionsbiologie. Fazit: die besten Chancen beim anderen Geschlecht haben, wie beschrieben, typische Männer und charakteristische Frauen. Betonen Sie, je nachdem ob Sie ein Mann oder eine Frau sind, Ihre eigene Geschlechtlichkeit – aber nicht in extremer Art und Weise.

2.3 Nicht-sprachliche Aufforderungssignale zu einem (Flirt-)Gespräch von Männern und Frauen

Woran erkenne ich, nachdem ich mir sicher sein kann, vom anderen Geschlecht überwiegend als attraktiv eingestuft zu werden[14], im Alltag und auf der Piste, ob mein Gegenüber, das mir noch unbekannt ist, an meiner Person Interesse zeigt? Diese Frage geht vielen durch den Kopf. Dies herauszufinden ist keine Kunst. Im Folgenden geht es um nicht-sprachliche Signale von Männern und Frauen, die mit an Sicherheit grenzender Wahrscheinlichkeit auf eine erfolgreiche verbale Kontaktaufnahme verweisen, weil sie unwillkürlich für Wohlgefallen sprechen. Die genannten Verhaltensweisen müssen unbedingt vom Gegenüber in Kombination gezeigt werden! Ein Phänomen allein spricht noch nicht unbedingt für Wohlgefallen, es kann sich zufällig ereignen. Dies können allgemeine Aufforderungssignale von Männern *und* Frauen sein:

- Blicke, die immer wieder dieselbe Person treffen, verraten Interesse; nach MOORE (1985): »Darting-Blicke«,
- das schnelle Heben der Augenbrauen ist nach GRAMMER et al. (1988) ein Aufforderungszeichen. Es hat die Funktion eines Ausrufezeichens: »Pass auf!«,
- Lächeln, welches sich vom alltäglichen, oftmals erzwungenen Lächeln unterscheidet (merkt man intuitiv, z.B. an den gezeigten Krähenfüßchen im Augenbereich),
- Hals präsentieren (Halsschlagader wird »zum Angriff« angeboten, Stichwort: Evolution),
- Lippen befeuchten, z.B. durch schnelles Darüberlecken,
- einmaliges zeitgleiches Blinzeln beider Augen (verknüpft mit einem Lächeln),
- auffälliges, lebendiges, positives Verhalten,
- lautes Lachen und raumerfüllende Stimme.

Frauen haben, anders als Männer, ein größeres Inventar an charakteristischer Körpersprache, mit dem sie, generell unbewusst, den Mann zum Ansprechen animieren (BUSS 1998). Spezielle Aufforderungssignale von Frauen sind die folgenden. Je mehr Interesse eine Frau an Ihnen, verehrte Männer, hat, desto mehr Signale aus dieser Liste wird sie Ihnen zeigen (GRAMMER & KRUCK 1991):

- Selbstberührungen aller Art, etwa Kleidung glatt streichen und durch die Haare fahren (MOORE 1985),
- Verlegenheitsgesten,
- Betonung der geschlechtsspezifischen Reize und erogenen Zonen (MOORE 1985),
- plötzliche Präsentation des Brustbereichs (z.B. durch Zurückklappen der Schultern und gerades Aufrichten des Rückens),
- Beine öffnen,

14 Um die Wirkung auf das andere Geschlecht zu testen und die Kommunikationskompetenz zu steigern, rate ich gerne zum alltäglichen Flirt, auch mit denjenigen, die einen nicht sexuell reizen.

- »head toss« in Kombination mit einem »hair-flip«. »Ein ›head toss‹ beginnt mit einer schnellen Aufwärtsbewegung des Kopfes nach hinten, so dass das Gesicht nach oben schaut. Die Bewegung dauert kürzer als fünf Sekunden. Danach wird der Kopf wieder in seine Ausgangslage zurückgeführt. Ein hair-flip besteht darin, dass die Frau eine Hand hebt und mit den Fingern durch ihr Haar fährt« (GRAMMER 2002, 305),
- Nackenpräsentation (Darbietung der empfindlichen Halsschlagader),
- Verschränkung der Arme hinter dem Kopf – betont auch den Brustbereich,
- regressive, unterwürfige Körpersprache, welche sich einer dominant-männlichen anpasst, z.B. sich klein und schüchtern geben.

Zusammenfassung: Sollte unser Gegenüber, je nachdem ob Mann oder Frau, die geschlechtstypischen Verhaltensweisen in Kombination zeigen, dann empfehle ich Ihnen einen kontaktstarken Spruch (siehe unten). Manchmal offenbaren fremde Personen direkt nach dem ersten Blickkontakt, der ca. 3 Sekunden andauert, körpersprachliche Verhaltensweisen aus den obigen Listen. Natürlich sind sie dem Sender generell nicht bewusst – aber Ihnen jetzt.

Körpersprache soll Kopfsache sein – benutzen wir den Verstand

TRAMITZ (1995) stellt fest, dass die Frau durch Zunicken und Darting-Blicke den Mann zum Reden animiert. Wie Sie sicher wissen, spricht in unserem und anderen Kulturkreisen nach wie vor der Mann die Frau an. Trotzdem soll dies nicht bedeuten, dass das ein Gesetz sein muss. Das Gespräch kann immer von demjenigen eröffnet werden, der es gerne möchte, egal ob Mann oder Frau. Wie wir unten sehen werden, gibt es progressive Strategien, die sogar einen Korb umgehen helfen.

Die Körpersprache ist u.a. bei einem ersten Gespräch mit einem unbekannten Menschen permanent relevant. Setzen Sie geschlechtstypische Verhaltensweisen ein, dies bietet sich unbedingt an. Lächeln und das Lachen selbst sind ferner äußerst wichtig – für beide Geschlechter. Denn Positivität steckt an, und so wird Sympathie angeregt. Frauen können, wie erwähnt, mit wiederholten Darting-Blicken den Mann zum Anreden auffordern (TRAMITZ 1995). Sollte er zu schüchtern sein oder Sie wollen Zeit sparen, helfen Sie ihm und sich, liebe Damen, indem Sie einen verbalen Köder auswerfen, der das Eis bricht und den Weg zum Smalltalk ebnet.

Noch ein Wort zur Gemütsstimmung: Mangelndes Selbstbewusstsein bewirkt eine regressive und verkümmerte Körpersprache, was unserem Gegenüber Anlass dazu geben wird, uns sofort ad acta zu legen. Wenn Sie einen Flirtpartner finden wollen, dann gilt es, auf der Piste einen lebensbejahenden Eindruck zu machen. Ein weiterer negativer Aspekt eines schwachen Selbst ist, dass sogar eindeutig positive Signale des Gegenübers – die wir oben kennen gelernt haben – negativ gedeutet werden. Ein fataler Teufelskreis.

Flirten ist Kopfsache: Je optimistischer wir sind, desto angenehmer und überzeugender unsere Körpersprache und desto eher ergeben sich nonverbale und sprachliche Techtelmechtel. Ein positiver Reiz provoziert eine erwünschte Reaktion.

2.4 Der Korb oder die Angst vor nichts

Ich will der verbalen Ablehnung – dem »Korb«, wie der Volksmund sagt – mehr Platz einräumen, weil großes, aber unnötiges seelisches Leiden dadurch entstehen kann.

Flirtwillige auf der Piste befinden sich oft in einem Dilemma. Einerseits werden Menschen angetroffen, mit denen man gerne flirten möchte, andererseits ergeben sich interessierte Blickwechsel mit anziehenden Individuen. – Die Krux in beiden Fällen ist häufig, dass man den nächsten Schritt einfach nicht gehen kann. Er lautet: Ansprechen. Warum ist das so? Was hält einen davon ab? Es handelt sich schlicht und einfach um Angst. Nach SCHWARZER (1987) gibt es vier Formen:

- Verlegenheit,
- Scham,
- Schüchternheit,
- Publikumsangst.

Angst ist oft ein Erbe der Sozialisation, besonders der Erziehung

Bereits eine dieser vier Formen von Angst kann u.a., um beim Thema Flirten zu bleiben, das Ansprechen eines fremden Menschen eindrucksvoll unterbinden. Die vorgenommene Absicht kann sogar durch Reaktionen des Körpers zunichte gemacht werden: der Magen rumort, die Hände werden schwitzig, der Pulsschlag schneller, Erröten kommt hinzu. Dann lässt man es lieber gleich ganz. Aber wer nicht den Mut hat anzusprechen, der bleibt oft alleine auf der Piste. Und jünger wird man ja auch nicht. Woher kommt die tiefsitzende Angst vor der verbalen Kontaktaufnahme mit Unbekannten? Einerseits ist sie angeboren, ein Erbe der Evolution, andererseits meist auf traumatische und/oder frühkindliche Erfahrungen zurückzuführen.

Um mit der Tiefenpsychologie zu argumentieren: oftmals sind es Personen im engsten Familienkreis, welche die eigene Autonomieentwicklung unterdrückt haben. Selbstentwicklung des Kindes, welche vom Idealbild der Eltern abwich, wurde sanktioniert. Manchmal resultiert daraus, dass ein schwaches *Ich* und ein überstrenges *Über-Ich* ausgebildet werden. Ein überstarkes *Über-Ich* zeigt sich auch als Angst vor der negativen Meinung der Mitmenschen – wenn es eine Abfuhr gibt. Mitunter resultiert aus totalitärer, unterdrückender und strikt rationaler Erziehung auch ein ausgeprägtes Selbststrafbedürfnis als Erwachsener. Dann *übertragen* manchmal Menschen ebendiese Erfahrungen aus der Kindheit unbewusst auf gegenwärtige Situationen und damit auch unwillkürlich auf Personen, mit denen man flirten will. Die Schwierigkeit liegt dann darin: man hat zwar auf der einen Seite den verbalen Kontakt im Sinn, aber andererseits will man auf Teufel komm raus nichts »falsch machen«, damit das Gegenüber nicht verärgert wird. Wie damals die Bezugsperson aus der Kindheit. Dieses menschliche Problem herrscht auch in der Psychotherapie vor. Was das psychotherapeutische Gespräch so komplex macht ist, dass der Analysant eine oder mehrere Personen aus der Kindheit auf den Therapeuten überträgt, »die sich in auffallender Weise und in äußerst wichtigen Punkten von ihm unterscheiden« (SULLIVAN 1976, 23).

Ein Beispiel für ein tendenzielles Selbststrafbedürfnis: Manchmal kommt es vor, dass Menschen mit einem schwachen Selbstwertgefühl andere (unbewusst motiviert) in einer derart unvorteilhaften Art und Weise ansprechen, dass das Gegenüber gar keine andere Wahl hat und den Flirt abblockt. Die Abfuhr bestätigt dann Personen mit schwachem Ich in ihrer Minderwertigkeit (Wiederholungszwang von Unlustsituationen). »So, ich hätte es lieber gleich lassen sollen, ich kann nicht flirten. Ich hab's einfach nicht drauf!« Mit unzweckmäßigem Auftreten kann man eine sich selbst erfüllende Prophezeiung erfolgreich real umsetzen.

Eine typisch menschliche (Flirt-)Schwäche manifestiert sich, wie gesagt, im *Über-Ich*. Zum Einen ist dies die Angst vor den negativen Meinungen der Mitmenschen, zum Anderen ein autoritärer Elternteil, den man auf das aktuelle Gegenüber *überträgt* und daher nicht enttäuschen will. Man könnte Ersteres so umschreiben: »Wie andere über mich denken, ist wichtig, wenn nicht sogar das Wichtigste.« So denken wir fast alle. Eine »Frucht« der Erziehung und Sozialisation. Die Abhängigkeit von den Auslegungen unserer Mitmenschen vertreten wir selbstverständlich nicht öffentlich, wir gestehen sie oftmals noch nicht einmal uns gegenüber ein, denn wir wollen unabhängig sein. Die Realität zeigt aber, dass es sich gerade umgekehrt verhält. Kommt es nun irgendwann einmal zu einem Korb, so geht es uns urplötzlich innerlich schlecht, denn wir erinnern uns sofort an das populäre und mächtige: »Was sollen jetzt die Leute denken?« Eine narzisstische Kränkung.

Also, wir haben zwei Dilemmata vorliegen. Was tun? Über ungelöste und unbewusste Konflikte aus der Kindheit kann reflektiert werden. Machen wir uns, falls wir extrem schüchtern sind, unsere vergangenen zwischenmenschlichen Beziehungen bewusst. Das dauert natürlich seine Zeit. Schmerzliche und peinliche Lebensabschnitte sind ferner teilweise verdrängt. Sich ehrlich darüber Gedanken zu machen, ist aber äußerst aufschlussreich, z.B. um sich besser kennen zu lernen. Ehrlich zu sich selber sein. Ist das Problem einer überdurchschnittlichen Angst nämlich bewusst gemacht (herrische Mutter, Außenseiterrolle im Kindergarten oder in der Schule, autoritärer Vater), ist es insofern gelöst, als dass sie wirklich wissen, was Sie vom leidenschaftlichen Flirten abhält. Insofern können Sie sich in einem Moment, in dem ein Flirt in der Luft liegt, sagen: »Ja, ich weiß, was mich abhält, und genau *deshalb* spreche ich mein Gegenüber an.« Nach dem Motto: komm mit, Angst, wir gehen mal Anbaggern und uns einen Korb einfangen! Diese »paradoxe Intention« entspricht der Empfehlung der Tiefenpsychologie FRANKLs (z.B. 1999). Wer aber dabei immer noch zu viele Ameisen im Kopf verspürt, kann das *Über-Ich* auch mit einem Glas Prosecco abschwächen.

Wie wir am präventivsten verbalen Kontakt aufnehmen können, wird unten erläutert. Ja, Körbe kann man sich in der Tat ersparen. Unglaublich effizient!

Kampf dem Über-Ich: herzlich Willkommen im Leben!

Von der mächtigen Glücksbremse »Was sollen jetzt nur die anderen von mir denken« kommen wir am effektivsten los, indem wir hin und wieder harmlose Dinge in der Gesellschaft praktizieren, die »man« nicht macht, also gegen unsere Alltagsmoral gerichtet sind (*Über-Ich* = Eltern). Moralisch unbedenkliche Dinge, versteht sich. Proben Sie Situationen, die, tja, ich sag's mal so: ein bisschen peinlich sind. An und für sich sind sie natürlich nicht anstößig, die Gesellschaft gibt vor, was peinlich ist. Ein passendes Beispiel erlebe ich gerade jetzt, denn während ich diese Zeilen schreibe, befinde ich mich mit meinem Laptop in einem feinen Café in Landau/Pfalz, und ich gebe zu, dass ich mich zeitweise nicht ganz wohl fühle, denn meine Tischnachbarn äugen des Öfteren zu mir rüber und tuscheln. »Was die wohl denken?« Ein weiterer Ausflug in die DAMMsche Schocktherapie: manchmal singe ich beim Betreten eines Lebensmittelmarkts lauthals eine Zeile eines Lieblingsliedes. Einfach mal harmlos aus dem Rahmen fallen. Auf diese Art trainiere ich den zweiten inneren Flirtkiller, Meinung der anderen, d.h. mein *Über-Ich*, ab[15]. So fällt es mir später leichter, mein unbekanntes Gegenüber anzusprechen (ich übe schließlich Kommunikation) und auch Körbe wegzustecken, die mir als aktiver Flirtliebhaber nie erspart bleiben werden.

Verbale Ablehnungen sind nur Gehirnphänomene

Fassen wir zusammen: der Abbau von inneren Flirtkillern ist nicht einfach und mal eben so zu schaffen. Aber, Reflexion über unsere irrationalen Seiten befreit uns nach und nach von deren Fesseln und Mächten. Das Nachdenken über uns selbst und die permanente Praxis des spontanen Flirtens mit Fremden bewirken nach einer gewissen Zeit eine notwendige Gleichgültigkeit gegenüber Abfuhren und Körben. Diese Leichtigkeit wird dann ins Unbewusste übergehen und automatisiert. Gutes Gelingen! Denn wir haben letztendlich mehr davon. Mehr Lebensqualität und weniger seelisches Leiden auf Grund von Körben, die nichts, aber auch gar nichts verheißen. Nehmen wir Körbe und die Menschen, die sie uns geben, nicht ernst. Wir haben höchstwahrscheinlich nichts verpasst: wer nicht gerne flirtet, dem kann man auch nicht helfen.[16] Außerdem verheißt eine attraktive Hülle noch lange keinen moralisch guten Kern, geschweige denn praktizierte Lebensbejahung und Lebenslust.

Hierzu passt ganz hervorragend ein Zitat von NIETZSCHE (1886/1982, 230): »Es gibt [Menschen], die, wo man bei ihnen auch nachsucht, kein Inneres haben, sondern reine Masken sind. Der[jenige] ist zu beklagen, der sich mit solchen fast gespenstischen not-

15 SCHOPENHAUER hat ganz ausgezeichnet auf diese menschliche Schwäche hingewiesen – *von dem, was einer vorstellt* (also in Augen anderer ist oder sein will) – und sie ad absurdum geführt. Seine *Aphorismen zur Lebensweisheit* kann ich philosophischen Laien und Fachleuten sehr empfehlen, wenn sie besonnen, sinnvoll und angstfrei leben wollen.

16 Ich halte Sie dringend dazu an, so oft wie möglich nett und freundlich mit Mitmenschen zu kommunizieren. Die wenigen, die diesen Aufruf abblocken, sollten nicht der Rede wert sein.

wendig unbefriedigenden Wesen einlässt, aber gerade sie vermögen das Verlangen [...] auf das stärkste zu erregen: [man] sucht nach ihrer Seele – und sucht immerfort.«

Die Hüllen- und Maskenproblematik – äußerlich verlockend, innerlich tot

Schon öfter ist mir folgendes typische Erlebnis passiert, es wird mit Sicherheit nicht aufhören: mir fällt auf der Piste eine Frau auf, die mir intuitiv gefällt. Einmal ist ihr Körper anziehend, ein anderes Mal das Lächeln oder ihr Gesicht, Stimme usw. Ich spreche Sie deshalb an und rege einen Smalltalk an (des Öfteren klappt es). Schon recht früh fällt mir auf, dass sie sehr oft »man« sagt und gesellschaftlich-konforme und teilweise altbackene Dinge ausspricht (»Ja, das macht man halt so, jede Frau will doch Familie, heiraten und Sicherheit!«). Aha, sie kennt *jede* Frau. Außerdem: sehr korrekte Körperhaltung und auf Contenance bedacht, nur nicht aus dem Rahmen fallen. Sie raucht nicht und trinkt keinen Alkohol. Später sagt sie, das würde charakterliche Schwäche ausdrücken. Nachdem wir von Allerweltsthemen übergehen zu persönlicheren Ebenen, zeigt sie sich: Kopfmensch – mit mächtigem *Über-Ich* (»Was sollen da die Leute denken?«). Konservativer Beruf und sicherer Lebenswandel. Ganz straight. Eine Marionette einer verkopften Erziehung, ein geistiges Abziehbild der Eltern, vollgestopft mit Begriffen, die das Leben verfehlen und neurotisch werden lassen. Keine selbst erschaffene Gedankenwelt. Hat sich noch nie gehen lassen, noch nie richtig gelebt. (»Einmal habe ich zwei Gläser Wein getrunken und gehofft, dass mein Vater das nicht merkt.«) Aha, auch noch ein Vater-Komplex, d.h., sie ist immer noch höchst abhängig von seinem Gutdünken, will ihm immer noch gefallen. Sie spricht die Normen der Gesellschaft unbewusst und unreflektiert nach. Sie ist fremdbestimmt und demnach auf ihre Weise dumm, und diese Engstirnigkeit dem Leben gegenüber vertritt sie auch mit einem ernsten Gesichtsausdruck. Ich nehme mir die Freiheit, diese Denk- und Verhaltensweise als »gesellschaftsdumm« zu bezeichnen. Diese Menschen kennen meistens nur die für ihre gesellschaftliche Schicht geltende Mentalität, andere, in der Tat auch reale Weltanschauungen, sind für sie nicht existent, denn sie widersprechen ihren *über-ichigen* Idealen. Die Meinungen, die diese Marionetten vertreten, sind ihnen aufdoktriniert worden, aber sie vermeinen unreflektiert, es wären ihre eigenen, etwa durch Lebenserfahrung erworbenen – dabei haben sie doch gar kein Leben erfahren, nur schöne Begriffe gehört.

Man erkennt diese Menschen daran, dass sie angewidert die Nase rümpfen oder eine Augenbraue auffällig nach oben ziehen (dabei einen arroganten Gesichtsausdruck wahrend), sobald jemand aus ihrer statischen Weltanschauung ausschert oder andere Ansichten vertritt. Sie sind die wahren personifizierten toten Masken einer lustfeindlichen Erziehung – was sie selbst aber nicht wissen. Ihr perfekt gestyltes Äußeres ist ferner ihr Ein und Alles. Ein paar Spritzer Mineralwasser – etwa aus einem umgeschütteten Glas – vermag sie in Rage zu versetzen, denn die Maske bröckelt. Und das ist schlimmer als der Tod. Die Meinung der Mitmenschen muss ferner wohlgesonnen sein, das ist ihr Sinn des Lebens – bis sie tot sind.

Nicht selten passiert es aber zum Erstaunen vieler, dass sehr stark verkopfte Menschen die guten Vorsätze von jetzt auf gleich über den Haufen werfen und Partner wählen, die genau das andere Extrem (Gefühl und Körperbewusstsein) repräsentieren. Denn sie halten die vernünftige Einseitigkeit auf Dauer nicht aus. Kinder der Mittel- und Oberschicht beispielsweise, deren Eltern und soziales Umfeld häufig ausschließlich auf gesellschaftlich-konforme Verhaltensweisen pochten, reißen manchmal in extremer Weise aus, um Verbotenes zu tun. Alle einseitige Erziehung ist schlecht für die Persönlichkeitsentwicklung. Jedenfalls, sobald ich hinter einer reizenden Hülle eine fremdbestimmte und statische *über-ichige* Lebensphilosophie auffinde, muss ich aufstehen und gehen.

Auf was kommt es an? Auf Lebendigkeit! Auf Unsicherheit und Dynamik im Leben! CAMUS trifft es meiner Meinung genau: »Die Menschen ziehen mich immer in dem Maße an, in dem ich ihre Leidenschaft für das Leben, ihr Glücksstreben spüre.«[17] Das halte ich für wichtig. Aber ich weiß natürlich nie vorher, was beim Flirten auf mich zukommt, genau wie Sie. Um sicher zu gehen: sprechen auch Sie an. Haben Sie Mut. Wenn Sie eine glückliche Zweisamkeit erleben wollen, dann ist ein passendes Pendant unumgänglich. Und die elementaren Analogien offenbaren sich nur auf der verbalen Ebene. Der Rest, ich meine die Schwärmerei, die entsteht, wenn man irrationalerweise von einer reizenden Hülle auf einen ebensolchen Kern schließt, ist oftmals Wunschdenken, Hokuspokus, Halloeffekt. Werden wir erwachsen!

17 Zitiert nach TODD (2001, 241).

2.5 Kontaktstarke Strategien für Gesprächseröffnungen

Wer kennt nicht folgende Situation? Man sitzt entspannt in einem Etablissement mit nettem Ambiente, genießt einen Milchkaffee und liest irgendeine Zeitschrift. Am Nachbartisch nimmt währenddessen ein begehrenswerter und verlockender Mensch Platz. Er/sie reizt uns auf Grund der Ausstrahlung (Erscheinungsbild und Körpersprache). Interesse an einer völlig fremden Person kann, wie wir alle wissen, innerhalb von Sekundenbruchteilen entstehen. Wir schauen kurz rüber, etwas später noch mal. Plötzlich wird der Blick freundlich erwidert und es funkt ein bisschen. Wir beide flirten danach mit den Augen. Einige nicht-sprachliche Verhaltensweisen, die für Wohlgefallen sprechen, werden einander gezeigt (siehe Abschnitt 2.3). Was nun? Jetzt kann es sein, dass wir ganz rasch das Bedürfnis entwickeln, in persönlichere Beziehung zu treten. Aber was als Erstes sagen? Man kennt den anderen schließlich nicht. Außerdem kriegt man womöglich dennoch einen Korb, das wäre sehr schmerzlich. Schließlich will niemand abgewiesen werden, was sollen da die Leute denken?

Täglich erleben Menschen diese oder ähnliche Konstellationen im Alltag oder auf der Piste. Manchmal ergibt sich ein Gespräch, doch sehr oft dummerweise nicht. Und solchen Situationen kann man jahrelang hinterher trauern: »Hätte ich doch nur!« Also: egal welcher Part, einer muss den Anfang starten! Das Leben ist so oder so kurz, in 100 Jahren ist es auch egal. Keine Angst! Die Hemmung vor dem Ansprechen ist völlig unbegründet. Haben wir daher Mut, das wird belohnt, denn das eiserne Gesetz der Wahrscheinlichkeit wird sowieso siegen, d.h. irgendwann muss sogar jemand anbeißen. Geht gar nicht anders: Prinzip der Kausalität.

Drei Strategien zur verbalen Kontaktaufnahme

Was ist im Alltag zu berücksichtigen? Im Allgemeinen beginnen die Männer das Gespräch, wie bereits erwähnt (MCCORMICK & ESSER 1983). Ich hatte jedoch empfohlen, dass beide Geschlechter Risiken eingehen können, ein Stück vom Kuchen des realen Lebens kosten sollen: Bewegung, Dynamik, Spannung. Weil der erste Eindruck innerhalb eines Augenaufschlags entsteht (AMBADY & ROSENTHAL 1992), können wir davon ausgehen, dass ein interessierter Blickwechsel im Großen und Ganzen bereits für beidseitige Beachtung spricht. Das Wichtigste ist bereits geschehen, die äußeren Reize wurden aufgenommen, verarbeitet und für gut befunden – das alles in Sekundenbruchteilen. Ansonsten resultiert kein Blickwechsel. Falls Sie in diesen Situationen dennoch das Gefühl der Schüchternheit verspüren: ich kann Ihnen mit ruhigem Gewissen sagen, dass es deshalb von so vielen Menschen empfunden wird, weil es angeboren ist (EIBL-EIBESFELDT 1997). Treffen sich zwei fremde Menschen, so wissen diese nicht, ob es sich um Freund oder Feind handelt. Dieser Mechanismus war in gefährlicheren Zeiten überlebensnotwendig. Er ist noch heute aktiv. Auch die Angst vor sozialer Abweisung ist ganz tief in uns verankert. »Doppelt gemoppelte« Schüchternheit also.

Ganz wichtig ist übrigens auch, dass sie einen (Flirt-)Abend nicht in der Form angehen, dass Sie *unbedingt* den Traumpartner kennen lernen wollen. Diese Erwartungshaltung bremst das Flirtverhalten und schürt umso mehr Versagensängste.

Die »Top 3« der präventiven Einstiegsmöglichkeiten in ein (Flirt-)Gespräch – Körben keine Chance geben

Im Folgenden werden Wege zur verbalen Kontaktaufnahme mit Unbekannten aufgezeigt. Ich gehe von genau drei sinnvollen und brauchbaren Möglichkeiten aus, die in allen Alltagssituationen angewendet werden können. Die Trümpfe lauten:

1. Methode der Alternativfrage;
2. Methode des nicht-zielgerichteten Kommentars zur gegenwärtigen Situation;
3. Methode der Banalität.

- *Methode der Alternativfrage:* Geschlossene Fragen sind beim Ansprechen auf jeden Fall zu umgehen, egal ob wir alleine oder im Duett unterwegs sind. Die Frage »Hallo, dürfen wir uns zu dir stellen?« oder »Hallo, darf ich dir einen Kaffee ausgeben?« o.Ä. vermittelt zwar eindeutig die Bereitschaft zum Gespräch und näheren Kontakt, setzt aber eher voraus, dass das Gegenüber mitspielt. Es geht hopp oder top. Ist das Pendant aus irgendeinem Grund nicht zum Flirten aufgelegt, dann kann als Antwort nur kommen: »Du, das ist nett, aber es tut mir leid, denn [...].« Und schon gibt es einen Stich in die Magengrube, denn wir beziehen den Korb gleich einmal auf unsere Person. Das ist schlecht. Wer präventiv und mit Verstand vorgehen will, der setzt keine geschlossenen Fragen ein. Die Methode der Alternativfrage sieht daher vor, dass die Chance zum Verneinen freundlicherweise gleich im ersten Satz mitgegeben wird. Weil ich nie wissen kann, was in meinem Gegenüber vorgeht, so lasse ich ihm doch lieber erst mal Handlungsspielraum. Ich persönlich platziere im ersten Satz immer das Wort »oder«. Mein Gegenüber kann nämlich dann selbst entscheiden, ob sich eine Intensivierung des Kontakts ergeben soll oder nicht.

Beispiel: Ein gleichgeschlechtliches Zweiergespann (sehr oft zu beobachten) ist Donnerstag abends auf der Piste unterwegs. Eine Anmache nach dieser Methode adressiert an diese interessanten Menschen würde lauten: »Hallo, macht ihr (oder »machen Sie«, je nachdem) heute einen Frauenabend (bzw. Männerabend) oder dürfen wir uns zu euch an den Tisch setzen?« (z.B. im Café, in der Disco, Kneipe usw.) Wer mit Ihnen flirten will, bejaht den Wunsch, wer nicht, aus welchen Gründen auch immer, erwähnt den Frauen- oder Männerabend. So muss keiner das Gesicht verlieren oder einen Korb kassieren. Gut, nicht? Traditionellerweise ist derjenige Mensch, der als Erstes sagt: »Ja klar, setzt euch doch!«, an einem näheren Kontakt mit der fragenden Person interessiert. Denn das Unbewusste entscheidet sofort, und ohne Reflexion wird positiv oder negativ reagiert. Nach dem Lustprinzip eben. Sind wir also zu zweit unterwegs, dann haben sich die Flirtpaare gleich gefunden. Nämlich der Frager und die Person, die spontan positiv antwortete, sowie die beiden, die übrig bleiben. Wenn wir alleine auf Achse sind, dann können anziehende Menschen ebenso auf diesem Weg angesprochen werden. Dabei ist natürlich nebensächlich, wo wir uns gerade befinden. Etwa im Café: »Hallo, darf ich dir einen Milchkaffee ausgeben *oder* bist du gerade anderweitig beschäftigt?« – Supermarkt: »Hi, hast du nach dem Einkauf noch Zeit, um einen Kaffee mit mir zu trinken *oder* hast du schon etwas anderes vor?« – Erlebnisgastronomie: »Hallo, trinkst du einen Long Drink mit mir *oder* bist du mit jemanden verabredet?« Präventiver geht es kaum, *oder*? Bei dieser Methode wissen wir sofort Bescheid, wir gehen ökonomisch vor. Es gibt nämlich auf der Piste nichts Wichtigeres, als möglichst schnell im Bilde zu sein.

- *Methode des nicht-zielgerichteten Kommentars zur gegenwärtigen Situation:* Diese Handhabe ist weitaus indirekter und noch ungefährlicher – ich meine das Risiko einer Abfuhr – als die erste. Das Grundprinzip dieser Vorgehensweise: ich kann in einer Situation einfach einen ungerichteten Kommentar aussprechen. So wird ein verbaler Köder ausgeworfen. Der oder die andere kann anbeißen oder es sein lassen. Ganz unspektakulär und präventiv.

Beispiel: Stellen wir uns vor, wir stehen an der Haltestelle, der Bus hat mal wieder Verspätung. Neben uns steht wieder ein anziehendes Gegenüber. Man könnte meinen: »Mensch, jetzt muss ich ins Büro (oder sonst wohin), ich komme zu spät!« Ähnliche Sachlage: Will dieser Mensch flirten, gibt's eine Frage oder Bemerkung (= Reaktion) zu Ihrer Information (= Reiz), wenn nicht, dann eben nicht. Indirekte Gesprächsaufforderung. Helfen wir so unserem Gegenüber, in ein lockeres Gespräch einzusteigen, d.h. Smalltalk. Ein Kommentar kann in jeder x-beliebigen Situation erdacht und ausgesprochen werden. Kommt immer auf die Sachlage an. Das erleichtert auch dem anderen den Gesprächseinstieg. Ist man gewillt, mit uns zu flirten, dann bemüht er oder sie sich auch um einen engeren Kontakt. Angeknüpft werden kann schlicht und einfach an unsere Informationen, die in der Äußerung enthalten sind. Einige Beispiele für verschiedene Sachlagen: Marktplatz: »Also, die Tomaten (oder was auch immer) werden aber auch immer teurer!« – Schwarzes Brett an der Uni: »Hoppla, ich habe ja schon am 15. Prüfung!« – Kasse im Supermarkt: »Tja, so sieht ein Einkauf für einen Single-Haushalt aus!« – Bibliothek: »Bei dem Berg Bücher brauche ich einen Einkaufswagen! Warum hat der BUKOWSKI auch so viel geschrieben?« Sie sehen: Es geht *wirklich* nur darum, Reize auszusenden, auf die reagiert werden kann. Eine positive Reaktion wäre eine Gegenfrage verbunden mit nonverbalen zusagenden geschlechtsspezifischen Signalen, z.B. hair-flip oder Lächeln. Der Inhalt der Bemerkung ist nicht relevant, sollte aber im gesellschaftlichen Rahmen bleiben. Wir umgehen mit der Methode des ungerichteten Kommentars zu 100% einen möglichen Korb.

- *Methode der Banalität:* Schlicht und einfach sein, das ist beim Ansprechen immer noch am erfolgreichsten. Viele Experimente (zusammenfassend GRAMMER 2002) verweisen darauf, dass Flirts immer noch dann am ehesten entstehen, wenn sie unkompliziert eingeleitet werden. Oftmals geht es beim Einstieg um Banalitäten. U.a. werden bei dieser Methode auf der Piste folgende Sätze angewendet: »Hallo, ich bin der und der, wie heißt du?« – »Na, gefällt es dir hier?« – »Hey, hast du mal Feuer? Wie heißt du denn?« Leider haben diese Eröffnungen einen entscheidenden Nachteil. Die Gesprächsaufforderung ist für das Gegenüber verpflichtend, nimmt also Handlungsspielraum. Dasselbe geschieht, wie erwähnt, bei geschlossenen Fragen. Dennoch dürfen wir diese Variante auch öfter mal ausprobieren, z.B. wenn man unter Zeitdruck steht oder »das house ein bisschen rocken will«. Man riskiert zwar mehr, sieht aber gleich, ob die Sache Zukunft hat oder nicht. Es ist auch denkbar, dass wir bestimmte Anregungen der gegenwärtigen Situation aufgreifen und dementsprechend unser Gegenüber relativ unscheinbar ansprechen können. Aufmerksamkeit ist also wichtig. Vielleicht liest er oder sie gerade ein Buch, das wir kennen. Eine Bemerkung dazu wäre angebracht: »Oh, du liest ja den *Fremden* von CAMUS. Du bist aber nicht so gleichgültig dem Leben gegenüber wie Meursault (der Hauptcharakter), oder?« Ein anderes Exempel. Unser Flirt trägt ein Kleidungsstück, das uns sehr gut gefällt. Wie wär's mit: »Hallo, das Top steht dir wirklich sehr gut. Wo hast du denn das her?« Mit diesen persönlicheren Fragen wird es möglich sein, ein Gespräch anzuregen, das in einen Smalltalk übergehen kann. Ist unser Pendant nicht daran interessiert, signalisiert er oder sie es durch eine abwehrende Körperhaltung bzw. negative Mimik. Und dann: Tschüß!

Auf Humorvolles und Ausgeflipptes verzichten

Am wenigsten ziehen extravagante und flippige Sprüche wie »Hallo, ich weiß meine Handynummer nicht mehr, gib' mir mal deine!« – »Ich schreibe gerade ein Telefonbuch, deine Nummer fehlt noch« oder dieser berühmt-berüchtigte: »Sag' mal denen im Himmel Bescheid: es fehlt ein Engel da oben. Er steht vor mir!« Ohne Worte. Wenn wir Männer eine Unterhaltung *so* starten wollen, fühlen sich Frauen generell erst einmal unsicher und schreiben dem männlichen Pendant sehr schnell dominantes Balzverhalten zu. Nicht nur beim Flirten will Frau aber noch ein Wörtchen mitzureden haben. Wenn es ganz dumm läuft, bekommen wir auf einen derartigen Spruch ein dementsprechendes derbes Echo. Dies ist insofern bedenklich, wenn die angesprochene Person *Clevere Antworten auf dumme Sprüche* von CICERO & KUDERNA (2001) gelesen hat. Von sämtlichen Überrumplungstaktiken, nebenbei erwähnt, die manchmal von anderen Autoren empfohlen werden, halte ich sehr wenig. Das ist kein wahrer Flirt, sondern eine Art aufgedrängtes Verkaufsgespräch. Wo bleibt da die Wahlfreiheit meines Gegenübers, ob er überhaupt mit mir flirten will? Da kommt oft nichts Emotionales raus, »ohne Soul und Feeling« sozusagen.

Beim Ansprechen bietet sich an, die Körpersprache offen zu gestalten. Achten wir darauf, immer unserem Gegenüber zugewendet zu stehen, den Kopf geradeaus. Es muss eine Gerade entstehen, wenn man unsere Nase und den Bauchnabel miteinander verbinden würde. Der Inhalt der ersten Unterhaltung ist im Übrigen nicht wirklich relevant, es handelt sich um Smalltalk. Bevorzugte Themen sind u.a. (vgl. auch DAMM 2002a, 66f.):

- Situationsgebundene Gespräche (Musik, Getränke, Menschen, Party usw.),
- Wetter,
- Alltagsgeschehen,
- Banalitäten.

Selbstsicheres Auftreten – die Körpersprache als Garant für den Flirterfolg

Noch einige Anmerkungen zur Auswirkung der positiven und nachteiligen Gemütsverfassung. Wer in einer depressiven oder sonstigen schlechten Stimmung ist, der wird von potenziellen Flirtpartnern auch dummerweise so eingeschätzt. Wir wissen ja, dass das Verständnis der verräterischen Körpersprache jedem angeboren ist (ARGYLE 2002). Die wenigsten wollen dementsprechend mit Miesepetern flirten. Bringen wir daher unseren Kreislauf auf Trab, eine positive Einstellung ist das A und O beim Flirtaufriss. Wenn wir auf der Piste überwiegend lächeln, dann steckt dies auch unwillkürlich andere Flirtwillige an (HINSZ & TOMHAVE 1992[18]). Flirten ist reine Einstellungssache. Wenn ich gut drauf bin, zeigt sich meine Laune auch in einer anziehenden Körpersprache, ich habe Sex-Appeal. Angst und Unsicherheit wirken sich auf Mimik und Gestik aus, was sehr schlecht für Flirtinteressenten ist.

Die Körpersprache ist wichtig, weil dies der zweite Baustein ist, der den so genannten ersten Eindruck konstruiert. Die erste Wahrnehmung berücksichtigt das *Erscheinungsbild.* Intuitiv schätzen wir jemanden anhand seiner Körpersprache ein. »Die/der ist so und so drauf, habe ich gleich gesehen.« Wir urteilen bereits nach dem, was uns das Auge an Informationen liefert. Wir denken in Kategorien, d.h. in Schubladen. Das liegt an unserer konstruktivistischen Wirklichkeitsbeschreibung: die Welt ist immer abhängig vom spontanen Erkenntnisvermögen des Individuums (WATZLAWICK 1976/2003). Die Relevanz der Körpersprache kann also demnach gar nicht genug betont und im normalen Alltagsgeschehen berücksichtigt werden. Denn wenn jemand zwar ein reizendes Erscheinungsbild hat, z.B. anziehende körperliche geschlechtsspezifische Merkmale, aber nonverbal nicht gut rüberkommt, hat er keinen Nutzen von seiner reizenden Hülle. Die Niederlage beim Flirten ist unabwendbar. Körpersprache kann attraktiv erscheinen lassen oder abturnend. Daher die Frage: wie verhalte ich mich körpersprachlich verlockend?

Wir dürfen wissen, dass bei beiden Geschlechtern auf der Piste ganz hoch im Kurs stehen: Selbstsicherheit, Selbstbewusstsein, souveränes ruhiges Auftreten. Eigentlich dasselbe, was auch im Alltag Erfolg jeglicher Art garantiert. Wenn ich positiv und authentisch auf der Pirsch wirke, steigen die Chancen, dass sich mein Umfeld für mich, flirttechnisch betrachtet, interessiert. *Nur* auf Grund der Körpersprache. Was für ein vorteilhafter Aspekt! Natürlich muss ich auch, wenn sich ein Flirt ergibt, umschalten können auf eine

18 Der Titel der Abhandlung der Forscher lautet vielsagend: Wenn du lächelst, wird sich die (halbe) Welt mitfreuen, wenn du traurig bist, bleibst du traurig (vom Autor übersetzt). In diesem Satz liegt die Wahrheit schlechthin.

einfühlsame, lockere und offene Kommunikation, die ein Techtelmechtel ausmacht. Denn wer zu cool auftritt, wird in einem Flirtgespräch praktisch unnahbar. Durch das sichere Auftreten aber wird die Basis für das Tête-a-Tête geschaffen.

Nun einige Tipps für eine anziehende Körpersprache beim Anliegen: Flirtaufriss. Wichtig ist grundlegend, dass wir uns selbst objektiv wahrnehmen und beobachten können, Körpersprache bedarf nämlich nicht des Verstandes, der Reflexion. Sie wird unbewusst geregelt, man kann sie nicht einfach so überspielen. Also, sorgen wir zuerst für eine gute Gemütsstimmung. Wir stehen oder sitzen in Etablissements einladend und selbstsicher, und zwar *immer*. Wer weiß, *wer* uns irgendwann mit den Augen taxiert. Offene Körperhaltung, d.h. nicht die Arme oder Beine verschränken. Wenn wir nicht wissen, wohin mit unruhigen Händen, bestellen Sie einfach einen Drink oder, wenn Sie Raucher sind, zünden Sie sich eine an. Ein aufmerksamer und ruhiger Blick ist vorteilhaft. Ebenso ist es ratsam, nie überhastet und affektiert zu handeln, zu gehen oder zu gestikulieren. Sollte sich unser Blick mit dem eines anziehenden Menschen kreuzen, senden wir Signale der Flirtbereitschaft. Das kann man, wie jeder weiß, mit einem ehrlichen oder schelmischen Lächeln untermauern. Schauen wir ruhig einige Momente länger hin als erlaubt, dann merkt das Gegenüber intuitiv, dass wir Kontakt aufnehmen möchten. Nicht ausdruckslos und mit halboffenem Mund anstieren! Das gilt besonders für uns Männer. Ich bevorzuge auch die Verhaltensweise, kurz mit beiden Augen zu blinzeln und dabei zu lächeln. Erfolgt eine positive Reaktion, geht's weiter, wenn nicht: die Nächste, bitte!

Power-Flirten in Stresssituationen

Im Mai dieses Jahres (2003) hat sich eine Zusammenarbeit mit der SAT1-Sendung *17.30-live* ergeben. Ein Redakteur hatte zunächst telefonisch nachgefragt, ob ich mir vorstellen könne, von einem Kamerateam begleitet in der Landauer Innenstadt (Pfalz) auf Flirtsuche zu gehen, also irgendwelche Frauen anzusprechen und zu einem Kaffee zu überreden. Ich konnte es mir vorstellen. Was ich vorher aber nicht wusste: der Dreh dauerte letztendlich insgesamt nicht weniger als fünf volle Stunden, und das bei brütender Hitze. Ich erzähle dieses Erlebnis, weil es sich für unsere Thematik als sehr aussagekräftig erweisen wird. Sie sehen gleich, worauf ich hinaus will.

Was soll ich sagen, nach ca. einer Stunde hatte ich bereits genug, die Hitze machte mir zu schaffen, meine Körpersprache war mit Sicherheit auch nicht mehr die souveränste. Und vor allem der Erfolgsdruck! Kein Flirt, kein Filmmaterial. Es musste also vorangehen. Ich war mir nicht mehr sicher, ob ich einen ruhigen, entspannten Blickkontakt mit einer attraktiven Frau aufnehmen konnte. Ausgestattet war ich übrigens mit einer Knopfkamera, die an meiner Brusttasche befestigt wurde, damit die Reaktionen meiner Flirtpartnerinnen schön deutlich gefilmt werden konnten, in Großaufnahme. Jedenfalls stellte ich erstaunlicherweise fest, dass die Quote der erfolgreichen Flirts letztendlich über 50% lag, und das unter Stressbedingungen(!) und mit nicht unbedingt überzeugender Mimik und Gestik. Von insgesamt 17 Frauen, die ich in dieser Zeit auf dem Landauer

Marktplatz angesprochen habe, sind letztendlich sogar fünf auf ein Getränk in ein Restaurant mitgekommen.

Nun könnte man einwerfen, dass es sich um eine Art unlauterer Wettbewerb handelte, denn immerhin flirte ich ja bewusst und beschäftige mich länger mit dem Thema. Aber: Das Experiment wurde dann mit zwei anderen Lockvögeln, einem Mann und einer Frau, wiederholt. Das Endergebnis stellte sich ähnlich dar. Wissen Sie, was das Ausschlaggebende für den Flirterfolg war? Die Aktivität!

Von nix kommt nix

Aus diesem unerwarteten Feldexperiment ergeben sich wichtige Erkenntnisse:

1. Aktivität bringt den entscheidenden Vorteil. Wer passiv auf Flirts wartet, wartet lang, vielleicht ergibt sich an diesem Tag gar kein Flirt.
2. Sonniges Wetter hat eine unglaublich starke Einwirkung auf die Psyche der Menschen. Es macht sie flirtwilliger.

Die Annäherung gestaltete sich stets gleichermaßen, der erste Satz war immer derselbe. Es handelte sich um die weiter oben erwähnte *Methode der Alternativfrage*. Ein optimales Flirtgespräch – natürlich verliefen nicht alle positiv – war folgendes. Ich war selbst überrascht, wie unglaublich schnell ein Date ausgemacht werden konnte. Die Dame, die sich freundlicherweise für einen Flirt mit mir begeistert hat, war zum Zeitpunkt des Experiments 27 Jahre alt, hatte brünette halblange Haare, Stupsnase. In Klammern befinden sich Anmerkungen zur Körpersprache.

Ich: »Hallo, sag' mal, du kennst hier doch sicher ein nettes Café, das du mir empfehlen kannst. Bei dem tollen Wetter heute muss ich unbedingt noch ein bisschen relaxen.« *(Beim Ansprechen auf eine tiefe und angenehme Stimme geachtet, kurz in die Augen geschaut, gelächelt, danach den Kopf weggedreht. Offene, unverkrampfte Körperhaltung – ihr zugewandt.)*

Sie: »Hm, na hier gibt es doch *einige* Cafés auf dem Marktplatz. Hast du die schon alle durch?« *(Blick erwidert, Lächeln, danach Blick in Richtung des Marktplatzes.)*

Ich: »Ne, *noch nicht*. Wo gehst du denn normalerweise hin?« *(Ein etwas längerer Blick in die Augen, Lächeln.)*

Sie: »Na, ins *Leo's*, da ist es doch nett. Die haben einen starken Milchkaffee.« *(hair-flip, Blick in die Augen, Lächeln.)*

Ich: »Stimmt, ist auch nicht so weit entfernt. Hast du noch etwas vor oder trinkst du einen auf die Schnelle mit?« *(Methode der Alternativfrage.)*

Sie: [kurze Pause] »Ja, okay!« *(hair-flip, kurzes Verlegenheitslachen.)*

Ich: »Schön, dann mal los. Studierst du hier in Landau?« (Das stellte sich später als erfolgreicher Versuch heraus, ein gemeinsames Bezugssystem zu erschaffen.)

Ich will darauf hinweisen, dass das eben geschilderte Gespräch wirklich den Optimalfall darstellt. Natürlich können sich nicht alle Gesprächsaufforderungen positiv auswirken, schließlich weiß man fast nie, in welcher Situation sich das Gegenüber gerade befindet. Nicht wenige Frauen haben auf meine Eingangsfrage »Weißt du, wo hier ein nettes Café ist?« auch »Nein, und tschüß!« geantwortet – und weg waren sie. Andere meinten nach zwei, drei Sätzen, dass sie einen festen Partner hätten. Das alles spielt keine Rolle. Immerhin wusste ich dann, woran ich war. Gewissheit ist schön! Für sehr wichtig erachte ich, dass ein gemeinsamer Bezugsrahmen beim Erstkontakt hergestellt wird. Im gegenwärtigen Beispiel war das Thema zunächst der Milchkaffee bzw. die Landauer Erlebnisgastronomie. Der Phantasie sind keine Grenzen gesetzt, wenn es um Gemeinsamkeiten geht. Erinnern wir uns daran, dass der Inhalt des Gesprächs bei der Kontaktaufnahme eine untergeordnete Rolle spielt.

Das Experiment unterstreicht ganz klar die Abhängigkeit zwischen Aktivität und Flirterfolg, darauf will ich auch gerne noch mal hinweisen. Ganz naiv konnte ich nachhaltig bestätigt finden: keine Tat, kein Flirt. Alle Frauen, mit denen ich ein Date verabredete, haben mir übrigens, nachdem ich die Aktion mit der Sendung aufklärte, gesagt, dass sie sich im Allgemeinen mehr Aktivität der Männer beim Ansprechen wünschen würden. Das darf sich jeder männliche Leser gerne vermerken und dreimal unterstreichen.

Keine Angst vor Abfuhren! In den Momenten, in denen sie ausgesprochen werden, verspüre ich, wie mit Sicherheit die meisten anderen auch, eine süß-schmerzliche narzisstische Kränkung. Das hat auch damit zu tun, dass es sich um eine unmittelbar erlebte Situation handelt, die Macht der Gegenwart wirkt. Ich mache mir dann in diesen Augenblicken bewusst, dass es viele Gründe für die Abfuhr geben kann. Vielleicht hatte mein weibliches Pendant wirklich keine Zeit, oder aber meine Ausstrahlung und Vorgehensweise erinnerten die Frau an einen ungeliebten Ex-Freund o.Ä. Sicherlich sind Ablehnungen nie förderlich für das Selbstbewusstsein. Das aktive Ansprechen ist aber der Königsweg zum Flirt, der eben manchmal ein paar Stolpersteine aufweist. Was soll's! Wir können uns merken, dass es unmöglich ist, allen Menschen zu gefallen. Und das kann auch für uns psychologische Laien niemals ein Ziel sein. Man wäre nicht mehr man selbst, weil dies erfordern würde, sich jeder verschiedenartigen Lebensphilosophie immer wieder neu anzupassen. Wir wären ein Gesellschafts-Chamäleon ohne eigenes Innenleben und Charakter. Davon gibt es schon genug.

Fazit: Alles liegt an der Einstellung! Jemand, der selbstsicher auftritt, bekommt die Aufmerksamkeit, das Interesse. Selbstsicherheit entsteht durch das Bewusstmachen der inneren Flirtkiller (angeborene Schüchternheit, *Über-Ich*). Die Schwächung eines starken *Über-Ichs*, der Spaßbremse, wie ich auch dazu sage, lege ich allen ans Herz, die später im Alter von 85 Jahren, wenn es gut läuft, auf dem Sterbebett nicht fragen wollen: »Habe ich *wirklich* gelebt?«

Schüchterne und zurückhaltende Menschen befinden sich in einem Dilemma: Einerseits werden Sie von Mitmenschen negativ eingeschätzt, andererseits projizieren sie selbst ihre depressiven Stimmungen auf andere. Demnach werden sogar positive Verhaltensweisen des Gegenübers als Abfuhr gedeutet, woraus wieder eine negativer dynamischer Teufelskreis entstehen kann (HORNEY 1967). Gehen Sie also auf Menschen zu. Kommunizieren Sie. Je öfter wir Erfolg haben, desto sicherer und offener werden wir. Von nichts kommt nichts.

2.6 Kriterien der bewussten und präventiven Partnersuche – adäquate Pendants finden

»Schönheit ist keine Voraussetzung für romantische Liebe.« (CRITELLI & WAID 1980)

Wichtig ist zunächst die Einsicht der philosophischen Lebenswahrheit, dass die wesentlichen Kriterien eines potenziellen Partners *nicht* sein Aussehen, sein Besitz und Reichtum sind. Bedeutsam ist selbstverständlich das vermeintlich Unscheinbarste im Alltag: der Charakter. Auf die Seelenverwandtschaft kommt es an, auf die »gleiche Wellenlänge«. Was will man nämlich mit einem Pendant, welches einer »defekten Rolex« ähnelt? – sieht gut aus und innen tickt er oder sie nicht richtig. Ich habe wirklich erwachsene Menschen kennen gelernt, die, wenn man die Stunden von ihrem Lebensalter abzieht, in denen sie sich vor dem Spiegel bewundert und geräkelt haben, intellektuell betrachtet nicht älter als 12 Jahre alt gewesen sein können. Bedenken wir auch: äußere Harmonie ist zwar beim Kennenlernen vorteilhaft, aber niemals ein Garant für eine funktionierende Zweierbeziehung. So genannte Traummänner oder -frauen bzw. diejenigen, die so aussehen oder sich aufführen, als wären sie solche, würden uns in einer Partnerschaft auch nicht glücklicher machen als »Normalsterbliche«. Lassen wir uns nicht täuschen. Die Messlatte »geforderte Attraktivität« darf nicht zu hoch gelegt werden.

Es ist relevant, wie jemand *ist*, nicht, was er *hat*. Und gutes Aussehen ist ja generell nicht etwas, wofür man etwas getan hätte, eigentlich eher Glückssache. Kein Verdienst. Was wir außerdem gerne vergessen, insofern wir es je zu Bewusstsein gebracht haben: jeder hat wegen unterschiedlicher Erbanlage und milieuabhängiger Erziehung jeweils eigene Maßstäbe, eine ganz eigene Weltanschauung und Lebensphilosophie, die bis in die kleinsten unscheinbarsten Alltagsregionen wirken. Und diese charakterlichen Strukturen sind im Erwachsenenalter fast schon zementiert. So wird jeder einzigartig. Die wenigsten sind uns selbst demnach innerlich ähnlich, aber auf sie kommt es logischerweise an.

Wenn wir einen passenden Partner finden wollen, ist ebenso ein Blick nach innen, in den Spiegel der Seele sozusagen, unumgänglich. LAUSTER (2001, 69) sagt treffend: »Zuerst musst du dich selbst verstehen, bevor du deine Mitmenschen verstehen kannst.« Von Natur her leben wir leider eher außenorientiert, d.h., der seelische Schwerpunkt ist in die Umwelt verlagert. Funktioniert beispielsweise irgendeine zwischenmenschliche Beziehung nicht, dann ist natürlich der andere daran schuld, klar, wer denn sonst? Der aufrichtige und ehrliche Blick nach innen hilft, sich selbst besser kennen zu lernen. So können auch die eigentliche Lebensphilosophie, Vorlieben, Ängste, regressiv-kindliche Verhaltens- oder egoistische Denkweisen erschlossen werden. Nur auf diesem Weg kann man sich im Ganzen als Person verstehen und akzeptieren, d.h. seelisch gesund sein oder werden. Oftmals erschauert man beim unverfälschten Blick nach innen. Aber das soll uns nicht aufhalten, schließlich wollen wir ein passendes Gegenstück. Schreiben Sie doch mal Ihre persönlichen Vorzüge und Schwächen auf, schätzen Sie sich selbst ein. Je ähnlicher uns ein anderer Mensch den Ansichten nach ist, desto besser: *Gleich und Gleich gesellt sich gern!* Charakterliche Analogien erleichtern Paar-Beziehungen und sonstige ungemein.

Dies sind lohnenswerte bewusste Vorgehensweisen bei der Partnersuche. Eine weitere: die Berücksichtigung der Erkenntnis, dass der erste Eindruck zählt: »Never get a second chance to make a first impression.« Sorgen wir für ein reizendes geschlechtsstereotypes Erscheinungsbild. Stichwort: Kleider machen Leute! Die Ausstrahlung ist in den ersten drei Sekunden für entstehendes Wohlwollen oder Desinteresse verantwortlich. Das Erscheinungsbild, als erster Faktor, ist das berühmte Zünglein an der Waage. Eine offene, souveräne und selbstsichere Körpersprache ist das Element, welches den positiven Eindruck verstärken kann. Die Flirtkompetenz (Fähigkeit zum Smalltalk, Analyse der Situation) sichert den verbalen Flirt. In diesem gilt es, das Gegenüber einzuschätzen, Vorlieben herauszufinden und sich ehrlich mitzuteilen. Analogien verbinden ungemein und eröffnen weiteren Gesprächsstoff. Offene Fragen helfen, dass sich unser Gegenüber erklärt.

Außen hui, innen pfui – Philosophie der Partnersuche

Folgt man der allgemein vorherrschenden Vorstellung, wie der ideale Partner sein soll, müsste man eigentlich nur jemanden finden, der es möglichst weit im Leben gebracht, d.h. einen hohen sozialen Status hat, und, wenn es geht, auch noch ein ansprechendes Äußeres. Gelten doch Reichtum und Besitz auf der einen, Schönheit und Ausstrahlung auf der anderen Seite als höchste Güter des menschlichen Daseins. Wir verbinden mit diesen Attributen nichts weniger als – *Glück*. Demnach wären die Schönen und Reichen glücklich. Was sie ja im Allgemeinen nicht sind. Häufig leben die meisten ja noch nicht einmal für sich selbst (im eigenen Ich), sondern für das Ich der Menschen, die sie umgeben. Das ist nicht nur Sisyphos-Arbeit, sondern auch noch absurd. Viele »schöne, glückliche Menschen«, wie wir meinen, etwa aus der Glitzer- und Glamourwelt, stürzen nicht selten in tiefe Depressionen, flüchten in ausschweifende Drogenexzesse, manche in den Suizid, wenn sie das verlieren, wodurch sie sich definieren: ihr jugendlich-perfektes Aussehen, Aufmerksamkeit, Medienrummel, das Ansehen und/oder der Besitz. Sie meinen dann, das Leben habe keinen Sinn mehr. Zu bedenken ist auch Folgendes: Die meisten »zufriedenen« Reichen können das pure Dasein nicht genießen. Sie kämpfen mit allerhand Einfallsreichtum (exklusive Autos, superteurer Urlaub, high life, Luxusartikel, Partys für die »Elite«) gegen die allseits lauernde Langeweile, die, sobald sämtliche körperlichen Begierden befriedigt sind, langsam aber sicher daherkommt. »Die völlige Befriedigung aller triebhaften Bedürfnisse ist nicht nur kein Fundament des Glücks, sie garantiert nicht einmal für seelische Gesundheit« (FROMM 1956/2001, 107). Tja, aber der perfekte Schein des Glücks will vor der ganzen Welt gewahrt sein. Hallo, *Über-Ich*!

Haben heißt aber nicht gleich Sein, auf diese Tatsache hat FROMM (1976/2003) eindrucksvoll hingewiesen. Schließlich spielt sich doch das Wesentliche innerhalb des Selbstbewusstseins ab, d.h., unsere geistigen Kräfte und unser Temperament bestimmen die Qualität der Existenz. Derjenige ist also zu beneiden, der dies, entgegen dem Strom der Masse schwimmend, einsieht. Er erspart sich viel Hokuspokus und andere Hirngespinste – bei der Partnersuche und Lebensführung. Jedoch, wenn wir ehrlich zu uns selbst sind, dann geschieht es möglicherweise nicht selten und wir fühlen uns doch von eben jenen »Jägern des äußeren Glücks« angezogen, *obwohl* wir um die Kurzzeitig- und Nichtigkeit von körperlicher Schönheit (vergeht) und Reichtum (nie genug) wissen. Eben weil es uns bereits im Kindesalter indoktriniert worden ist: Glück = Ausstrahlung + materieller Wohlstand. Wir glauben daher bei der Partnerwahl oftmals auch, durch die Eroberung eines gesellschaftlich erfolgreichen Menschen das dauerhafte Glück zu ergattern. Doch, wie gesagt, so ist Glück nicht zu haben: traumhafte Menschen erleben genauso oft grauenhafte Scheidungen wie Otto Normalverbraucher. Und die Halbjahres-Ehen der Hollywoodstars sind ja schon mehr als lachhaft. Wahre Vorbilder, nicht? Weil außerdem nicht wenige ästhetische Menschen ihr ganzes Seelenheil von der Aufmerksamkeit und Bewunderung von vielen, vor allem unbekannten Mitmenschen abhängig machen, kann man sich vorstellen, dass eine Partnerschaft mit diesem »Hamster im Rad« eine gar aufreibende und unbefriedigende sein muss. Eben deshalb, weil ständig neue Bewunderer (und Seitensprünge?) oder neue Liebhaber gesammelt werden müssen, um ein möglicherweise armseliges und schwaches Ich aufzurichten. Das Fatale ist, dass oft ein Partner alleine (= ich) das Fass ohne Boden, also den oralen Charakter, nie zufrieden stellen kann. Es heißt stets: mehr, mehr, mehr.

Resümieren wir: Die gesellschaftlichen Kriterien eines charakteristischen Traumpartners offenbaren leider große Scheinwahrheiten und Denkirrtümer. Zählen nicht ein heiteres Gemüt, froher Sinn, Optimismus, Toleranz, Leichtsinnigkeit, Sympathie, Spontaneität, Fähigkeit zum Mitleid, Fremdbejahung, Geistesruhe, uneigennütziges Interesse am Wohl und Wachstum des Partners, Flexibilität, Bewusstsein, Mitmenschlichkeit, ein objektiver, weltoffener Geist um ein Vielfaches mehr? Haben nicht vielmehr *innere* glänzende Eigenschaften ewigen Gehalt und garantieren für eine sichere Basis? Natürlich tun sie das. Charakterzüge bleiben ein Leben lang erhalten. Habe ich demnach einen innerlich wertvollen Partner, weiß ich: auf den ist in guten wie in schlechten Zeiten Verlass, er hat Charakterstärke.

Daher ist es sehr wichtig, sich nicht ausschließlich von einer anziehenden Hülle eines Menschen verzaubern zu lassen. Denn wir irren uns nicht selten! Wie oft hat man sich ertappt beim Einordnen in die falsche Schublade. Gehen wir daher als Single *bewusst* mit Menschen um. Achten wir eher auf das, was sie sagen und wie (moralisch) sie handeln. Ganz oft sind nämlich hinter einer perfekten Hülle, die uns zugegebenermaßen so richtig dammduselig machen kann, nicht viel mehr als unbewältigte Kindheitskonflikte und geistige Unreife zu finden.

Ein Traumpartner bleibt ein Traum und wird nie real

Fragt man unglückliche Singles, von denen es zweifellos sehr viele gibt, wie denn ihr Traumpartner sein sollte, dann wird oft Folgendes genannt: treu, ehrlich, hilfsbereit, gönnerhaft, aufopfernd, natürlich attraktiv, fest im Leben stehend usw. Hinzuzufügen wäre vielleicht noch, dass der Lebensgefährte einem ganz allein gehört, eigene Wünsche jederzeit von den Augen automatisch ablesen und schließlich innovativ die Zweierbeziehung gestalten könnte. Gut, ich gebe zu, ich habe die letzten Anforderungen etwas überspitzt formuliert. Aber ich greife diese Beispiele nicht aus der Luft. Ich habe ähnliche Merkmale, wie der Traumpartner sein sollte, häufig gehört und höre diese teilweise infantilen und weltfremden Vorstellungen immer wieder. Ich will erläutern, wieso ich mich dem nicht anschließen kann. Es verhält sich nämlich zunächst einmal so, dass die erstgenannten erwünschten Eigenschaften (Treue, Ehrlichkeit, Hilfsbereitschaft) nach genauerem Hinsehen zweischneidig und nicht eindeutig für jeden zu definieren sind. Sie greifen wie vieles andere im dynamischen Alltagsleben zu kurz, sind zu allgemein gefasst. Will man nämlich wirklich jemanden, der *immer* ehrlich, hilfsbereit oder gönnerhaft ist? Natürlich nicht, das wird langweilig. Außerdem will man selber auch mal so sein. Will man *immer* gefragt werden, ob es einem gut geht, ob man irgendwie helfen könne? Haben wir nicht vielmehr häufig schwankende Stimmungen, in denen wir selbst unterschiedlich denken und handeln, einmal dieses, ein anderes Mal jenes bevorzugen? Etwa einmal umsorgen, dann lieber umsorgt werden? Hier mal begehrt werden, dort mal selbst begehren? Ist eine Partnerschaft nicht sogar charakterisiert durch *Dynamik*, ein Abwechseln von Wertschätzungen? Außerdem sind die genannten Attribute von Mensch zu Mensch unterschiedlich aufgefasst. Nehmen wir beispielsweise die Treue. Wo fängt sie an, wo hört sie auf? Jeder hat eine andere Definition. Und ich schätze die Möglichkeit als unwahrscheinlich ein, dass es Menschen gibt, die so sind wie oben beschrieben. Es wären »Übermenschen«. (Ich meine dies jetzt nicht im Sinne von NIETZSCHE.) Wir dürfen uns einmal fragen: woher kommen diese Anforderungen, die nach genauerem Hinsehen auf purem Egoismus beruhen? Darunter verstehe ich wie beispielsweise auch LAUSTER (2001) nicht Liebe. Einen denkbaren Zusammenhang sehe ich in FROMMs Auffassung in seiner Schrift *Haben oder Sein* (1976/2003), nach der wir zum Konsum- und Besitzdenken einerseits von unseren Eltern erzogen und andererseits durch die Einflüsse der Gesellschaft und Medien geprägt werden: »Da wir in einer Gesellschaft leben, die sich vollständig dem Besitz- und Profitstreben verschrieben hat, sehen wir selten Beispiele der Existenzweise des Seins, und die meisten Menschen sehen die auf das Haben gerichtete Existenz als die natürliche, ja die einzig denkbare Art zu leben an« (FROMM 1976/2003, 38). – Insbesondere ist ferner diejenige Erziehung gemeint, die Klischees erschafft, oder denken Sie an Kitschfilme, die die sentimentale Liebe ohne Konflikte zeigen. Derart dargestellte Individuen gibt es nicht, sie sind der Phantasie und geheimen frühkindlichen Wünschen entsprungen. »Ein Mann und eine Frau, die in der Beziehung zu ihrem Ehepartner nie fähig waren, die Mauer des Getrenntseins zu überwinden, sind zu Tränen gerührt, wenn sie die glückliche oder unglückliche Liebesgeschichte eines Paares auf der Kinoleinwand miterleben« (FROMM 1956/2001, 116).

Wir können ebenso bedenken, dass, wenn der Maßstab der Allgemeinheit, wie denn ein passender Partner sein sollte (siehe oben), unbedenklich und förderlich wäre, es *nicht* weit mehr als 150.000 Trennungen von Ehen jährlich geben würde. Weil dem aber so ist, darf man sich ruhig einmal die Frage stellen, ob nicht andere Maßstäbe für einen geeigneten Partner fürs Leben zählen. Eben nicht nur Äußerlichkeiten und Sicherheiten. Verstehen Sie mich nicht falsch, ich will nicht entromantisieren, sondern lediglich die Bereitschaft in uns erwecken, die gesellschaftlich-tradierten Denkmuster – in dem Fall jenes über einen Traumpartner – in Frage zu stellen. Ich bezweifle nicht, dass es reine, reife und romantische Liebe geben kann, denn die gibt es, Beispiele dafür existieren. Sie haben Vorbildcharakter. Es bleibt die Frage, wie eine offene und reife Partnerschaft aussehen kann. Vielleicht anders, als man im Allgemeinen so denkt. Denn, nur weil wir gesellschaftlich konditioniert werden – auch zur Führung von Zweierbeziehungen –, heißt dies noch lange nicht, dass die Kultur adäquate Kriterien an die Hand gibt. Ich erinnere an die besagten 197.500 Ehescheidungen im Jahr 2001 und an mehr als 80.000 Paare, die jährlich die Ehe-, Partner- und Lebensberatungsstellen in der BRD aufsuchen (HAHLWEG 2002).

2.7 Warum es nichts Hässliches gibt – wichtige Erkenntnisse der Evolutionsbiologie und Psychoanalyse

Im Durchschnitt entsprechen nicht viele Menschen dem gängigen Schönheitsideal. Jeder möchte es aber, verheißt Attraktivität doch wesentlich Erfolg in zwischenmenschlichen Beziehungen. Wie wir gesehen haben, können Männer und Frauen jeweils auf ihre eigene geschlechtsspezifische Weise positiven Eindruck auf das andere Geschlecht machen, indem sie sich typisch männlich bzw. typisch weiblich kleiden, verhalten und wirken. Bereits ein geschlechtstypisches Merkmal im Erscheinungsbild kann Wohlgefallen beim Gegenüber auslösen. Der Manipulation sind keine Grenzen gesetzt. Des Weiteren wirken Männer anziehend, die Statusorientierung betreiben, dies aber immer in Maßen. Übertriebene Selbstdarstellung streut Sand ins Getriebe. Frauen beeindrucken Männer durch feminine Körpersprache, nicht-sprachliche Aufforderungssignale und ein typisch weibliches Erscheinungsbild. Das haben wir zu Genüge festgehalten.

Zwei weitere Aspekte geben Auskunft über die Gesetze der Anziehung der Geschlechter. Aus diesen können wir schöpfen, d.h., die Erkenntnisse im Alltag berücksichtigen und einsetzen.

Die Evolutionsbiologie erklärt, weshalb Männer auf der Piste Erfolg haben, wenn sie maskulin auftreten. Beeindrucken wir also, falls Sie dem männlichen Geschlecht angehören, durch Instrumentalität, aber gleichzeitig auch durch zwischenmenschlich wertvolle stereotyp weibliche Verhaltensweisen wie Einfühlungsvermögen (Empathie), Offenheit, Freundlichkeiten usw. Männer, die Erfolg beim anderen Geschlecht haben wollen, können die Gesetze der Evolution nutzen, indem Sie Souveränität vermitteln und finanzielle Ressourcen andeuten können. Ganz effizient dürfte dabei eine mondäne Kleidung sein, die Sie bei geeigneten Anlässen tragen können. Wer einen vorteilhaften Körpertonus hat, darf diesen auch durch eine zweckmäßige Bekleidung andeuten, d.h. mit den Reizen spielen. Ein gepflegtes Äußeres ist ein Muss! Wer biologisch schicklich aussieht, muss nicht den gegenwärtigen Schönheitsidealen entsprechen: Maskulinität, Seriosität, Intelligenz, Eloquenz, Expressivität und Souveränität können bei weitem äußere Makel überlagern.

Frauen müssen sich noch weniger Gedanken um den Flirterfolg machen. Lediglich ein Triggersignal im Erscheinungsbild kann Männer anziehen. Die Mode- und Beautybranche haben zig Tausend kleine Hilfen im Arsenal. Jede Frau hat mindestens eine Schokoladenseite. Der Typ einer perfekten Frau (im Sinne von Pam Anderson, Jennifer Lopez oder Jennifer Aniston) bremst im Alltag das Flirtverhalten mit Männern. Ist die Frau zu attraktiv, dann bleibt sie alleine, nur wenige Männer trauen sich. Betonen Sie, liebe Damen, also leicht ihre geschlechtsspezifischen Reize und zeigen Sie nicht-sprachliche Aufforderungssignale im Alltag dem anderen Geschlecht gegenüber. Männer fliegen, wie erwähnt, auf Triggersignale wie Beine, Po, Busen, Gesicht, Haare, Stimme usw. Setzen Sie Ihre Reize ein.

Die Psychoanalyse und ihre Erkenntnisse werden wahrscheinlich die letzten Zweifel am Flirterfolg beseitigen. Nach diesen Zeilen ist keiner mehr ein Flirtmuffel! Ich hatte bereits erwähnt, dass die frühkindliche Eltern-Kind-Beziehung weit reichende Auswirkungen im Erwachsenenalter zeigen kann. Wie ich außerdem bereits sagte, wählen Männer und Frauen häufig (unbewusst) Charaktere aus, die vom eigenen anders geschlechtlichen Elternteil repräsentiert wurden bzw. noch immer werden. Wer also in der phallisch-ödipalen Phase[19], im Alter von ca. fünf bis sechs Jahren, einen intensiven Bezug zum anders geschlechtlichen Elternteil hatte – das trifft bei vielen zu –, wird sich manchmal von Menschen angezogen fühlen, die sie an Vater oder Mutter erinnern. Und jetzt kommt der Dreh! Wir haben fast alle irgendeinen Makel, der uns ungemein stört. Zumindest bilden wir es uns ein. Wir denken oft an ihn, gerade im Alltag. Natürlich auch beim Flirten. Er kann sogar Ängste entfachen. Manchmal fragen wir uns, ob es das Gegenüber wirklich ernst meint, denn wir haben ja diesen Makel. Ich frage Sie: was, wenn unser Gesprächspartner *deshalb* mit uns flirtet, *weil unser Makel ihn an den eigenen anders geschlechtlichen Elternteil erinnert*? Verstehen Sie mich richtig, es gibt nichts Hässliches! Erkenntnisse der Tiefenpsychologie machen den Gesetzen der biologischen Schönheit manchmal einen Strich durch die Rechnung. Eine unvorteilhafte Proportion der Nase beispielsweise ist vielleicht für jemanden schön, weil sie früher das Gesicht eines geliebten Elternteils zierte. Das gilt natürlich für *alle* Köperregionen und -merkmale. Ich kann nur an Sie appellieren, dass Sie sich nicht allzu viele Gedanken um nachteilige Phänomene Ihrer Erscheinung machen. Sie alle kennen Paare, bei denen man sich fragt, warum um alles in der Welt diese Menschen ein Paar geworden sind. Genau dafür sind höchstwahrscheinlich tiefenpsychologische Komponenten verantwortlich zu machen. Bewusst ist das den Partnern selbstverständlich im Großen und Ganzen nicht.

19 Nach der Tiefenpsychologie verläuft die menschliche Entwicklung gemäß einem psychosexuellen Stufenmodell. In der phallisch-ödipalen Phase – das ist die dritte – hat der Heranwachsende einen besonderen intimen Bezug zum anders geschlechtlichen Elternteil, d.h., Mädchen orientieren sich zum Vater hin, Jungs zur Mutter.

2.8 Signale des Gesprächspartners bei Interesse

In einem ersten Flirtgespräch können wir über Gott und die Welt plaudern, Smalltalk heißt die ganze Geschichte. Falls uns der Gesprächsstoff ausgeht, einfach offene Fragen stellen. Dann kann sich unser Gegenüber auslassen. Probieren wir es z.B. mit »Was machst du sonst?« – »Sind Discos, Kneipen, Theater, Pferderennen, Bungeejumping oder was auch immer dein Ding?« Kommt auf die gegenwärtige Situation an. Was auch immer wir zwischen den Zeilen lesen können, dient als neue Anregung für uns, fokussierende Fragen zu formulieren. Bleiben wir bei lebensbejahenden Themen. Depressionen und das Leiden der Welt gehören in einen anderen Rahmen.

Allgemeine Signale des Gegenübers, falls er oder sie zumindest an diesem Abend gerne mit uns zu tun hat, sind:

- Einladende und zugewandte Körperhaltung,
- sekundäre Geschlechtsmerkmale werden unbewusst präsentiert,
- es werden Gegenfragen gestellt,
- häufiges Lächeln,
- unser Flirtpartner bestätigt unsere Aussagen,
- flüchtige Körperberührungen,
- wiederholter Blickkontakt,
- anteilnehmende und lebhafte Mimik,
- Anpassung der Körpersprache.

Frauen zeigen beim Gespräch diese Signale, wenn sie wirklich mit Ihnen, verehrte Männer, flirten:

- Die sekundären Geschlechtsmerkmale werden präsentiert (z.B. die Brüste dadurch, dass beide Hände hinter dem Kopf verschränkt werden), Glattstreichen der Kleidung,
- häufiges durch die Haare fahren (hair-flip),
- oftmaliges Hinüberbeugen des Oberkörpers zum Mann hin (KLEINKE & TAYLOR 1991),
- Formen von Zustimmungen,
- unterwürfiges Kopfschräghalten,
- Frauen lachen intensiver und häufiger, wenn sie einem Mann gegenüber sitzen, den sie interessant finden (GRAMMER & EIBL-EIBESFELDT 1989),
- unterwürfige Stimme.

Männer offenbaren häufig dies:

- Freundliche Verhaltensweisen gemischt mit Dominanz (GRAMMER 2002),
- Lächeln,
- wiederholtes Nicken und Zustimmen,
- Männer lachen intensiver, wenn Sie eine Frau anziehend finden (GRAMMER & EIBL-EIBESFELDT 1989).

Grundregeln der Kommunikation während des ersten Flirts

In einem ersten Talk sowie bei folgenden Dates sind bestimmte Zuhör- und Sprechstile sehr vorteilhaft. Natürlich wird außerordentlich viel Süßholz geraspelt, und zwar auf rein emotionalem Niveau. Wir alle kennen die rosarote Brille, die die Ratio austrickst. Daher sollte der Verstand nicht völlig auf der Strecke bleiben. Rütteln wir uns des Öfteren wach.

Es gibt nützliche Empfehlungen der Humanistischen Psychologie, auf welchem nützlichen Weg sprachliche und nicht-verbale Mitteilungen gesendet und empfangen werden können. Nach ROGERS (1972/1999) sind es vor allem folgende Variablen, die eine sinnvolle (Flirt-)Kommunikation begünstigen:

- *Kongruenz:* Die Echtheit des eigenen Verhaltens ist sehr wichtig. Wenn wir z.B. aktiv zuhören und den Sprecher mit »Hm!«, »Ja!«, »Aha!«, »Soso!« usw. bestätigen, dann ist eine angepasste Körpersprache, die das unterstützt, was wir von uns geben, durchgreifend. Wird der Ball während des Gesprächs wieder an uns zurückgegeben, dann achten wir wieder auf Mimik und Gestik, einerseits auf die unsere, andererseits ist die des Gegenübers wichtig. Sie wissen: die Körpersprache kehrt die wahren inneren Vorgänge nach außen. Kommen wir gut an, dann zeigt sich dies anhand einer entgegenkommenden Körpersprache unseres Pendants.

- *Einfühlungsvermögen:* Damit ist gemeint, dass man bewusst genau das wahrnehmen soll, was der Gesprächspartner sagt und wie er sich dabei körpersprachlich verhält. Welche Gefühle scheint der Gesprächspartner gerade zu haben? Eher schüchtern oder engagiert bei der Sache? Erproben wir Interpretation der Verhaltensweisen unseres Pendants. Auf diesem Weg entsteht psychologisches Geschick. Männer, und das werden sie nicht gerne hören, sind im Übrigen generell die schlechteren Leser von nicht-sprachlichen Signalen (GRAMMER 2002).

- *Akzeptanz:* Kritisieren wir niemals unseren Gesprächspartner beim ersten Flirt! Ermuntern wir ihn lieber mit offenen Fragen zu seiner Person, jeder spricht gerne über sich selbst. Sollte uns das Ein oder Andere gegen den Strich gehen, dann überlegen wir lieber fünfmal, ob wir was sagen. Flirten charakterisiert sich nicht durch negative Vibrations.

Die Variablen *Kongruenz, Empathie* und *Akzeptanz* werden übrigens auch in der Gesprächspsychotherapie von BeraterInnen aufgezeigt. Insbesondere bei der Kommunikation in der Zweierbeziehung sind sie von Bedeutung, dazu kommen wir unten.

Noch einige Sätze zum ersten Flirt auf der Piste. Führen Sie auf der einen Seite keine Monologe, auf der anderen Seite sind zu lange Gesprächspausen zu unterbinden. Wer eine überzeugende Sprache hat, also eloquent ist, der kann loslegen: sprachgewandte Menschen sind anziehender als introvertierte. Beim Argumentieren und Süßholzraspeln dürfen wir gerne eine ausgeprägte und anteilnehmende Mimik und Gestik zeigen, das kommt an.

Fallen Sie nie mit der Tür ins Haus, falls Sie auf Partnersuche sind. Insbesondere Frauen brauchen eine gewisse Zeit, sie testen die Qualitäten des Mannes. Die zu überprüfende Liste stellt sich überwiegend zusammen aus »Zuverlässigkeit, Ehrlichkeit, Rücksichtnahme, Freundlichkeit, Kinderliebe, hoher sozialer Status und gutes Einkommen, Ehrgeiz und Karrierebewusstsein, gute Herkunft und hohe Körpergröße« (BUSS, zitiert nach BRENDLER 2003). Frauen haben bei diesen Kriterien unbewusst vorwiegend den eigenen Nachwuchs im Sinn.

Wenn wir am Ende eines netten Abends wissen wollen, ob unser Flirt uns wiedersehen will, dann lege ich Ihnen folgende Methode ans Herz. Um die Handynummer zu bekommen, sagen wir nicht: »Also, das war wirklich ein toller Abend, gib' mir mal deine Nummer, ich rufe dich umgehend an!« Diese Vorgehensweise ist deshalb ein Fehler, weil wir höchstwahrscheinlich immer noch nicht genau wissen, woran wir wirklich sind. Wie oft ist die Partnerwahl an diesem Punkt gescheitert! Verfahren Sie nach der *Methode der Alternative*. Sagen Sie: »Ich gebe dir einfach mal meine Handynummer, wenn du willst, kannst du dich melden. Dann können wir uns mal treffen.« Wenn Wohlgefallen seitens unseres Gegenübers vorhanden sein sollte, dann meldet er/sie sich. Vielleicht per SMS – da traut man sich eher, ehrlich zu sein – oder per Anruf. Die *Methode der Alternative* bewirkt vielleicht auch, dass wir sofort die Handynummer anvertraut bekommen.

Falls dem so ist, dann rufen Sie bitte nicht gleich am nächsten Tag, geschweige denn noch am selben Abend an. Langsam, immer schön langsam. Es gibt für beide Geschlechter nichts Uninteressanteres als eindeutige Angebote und schnell ausgesprochene Liebeserklärungen. Die *Unsicherheit* ist es, die unsere Sinne öffnet, und zwar für die unbedeutendsten Eindrücke unseres Flirtpartners. Schade, dass die spätere Sicherheit in einer Partnerschaft nach konventioneller Vorstellung die Liebe erstickt. Aber davon später mehr.

Ich kann mir vorstellen, dass Ihnen, liebe LeserInnen, die angegebenen Vorgehensweisen vorkommen wie etwa ein Eiertanz, bei dem die Partner einander etwas vorspielen, obwohl doch schon alles klar wäre. Tja, bei der Partnerwahl, da kommen wir nicht drum herum, ist es eben so. Insbesondere die Frauen sind darauf angewiesen, dass sie sich im Mann, dem potenziellen Vater ihrer Kinder, nicht irren. Daher werden unbewusst Aufgaben gestellt, etwa diese: bleibt der Mann am Ball, wenn nicht sofort sein Primärziel Sex erreicht wird? Das ist in der Tierwelt nicht anders. Vergessen wir nicht den Zweck von Zweierbeziehungen für die Natur: Fortpflanzung. Es gibt biologisch gesehen kein größeres Anliegen des Lebens. Daher gestaltet sich die Partnersuche im Allgemeinen etwas langwieriger und kniffliger.

2.9 Zusammenfassung

Wie wir gesehen haben, verweisen die Erkenntnisse diverser Humanwissenschaften auf eine Vielzahl von nützlichen vernünftigen Methoden bei der Partnerwahl. Wir müssen vor allem die geschlechtstypischen Reize senden, auf welche erfreuliche (angeborene) Reaktionen folgen werden. Auf vier wichtige Aspekte will ich zusammenfassend hinweisen:

1. *Unterstreichen wir die für unser Geschlecht geltenden Stereotype:* Männer und Frauen kommen beim anderen Geschlecht am besten an, wenn sie wie typische Männer und Frauen aussehen, nicht-sprachlich stereotyp handeln und so wirken. Diese Gesetzmäßigkeit ist deshalb so real, weil die Phänomene auf biologischen Ursachen aufbauen, die so alt sind wie das Menschengeschlecht. Wer also Erfolg beim anderen Geschlecht haben will, der arbeitet an einem stereotypen Erscheinungsbild und einer ebensolchen Körpersprache. Statuskleidung vermittelt Intelligenz und Seriosität. Bereits eine Modifikation der Frisur oder Haarfarbe bewirkt eine Veränderung des intuitiven Gesamturteils. Das Tragen einer Brille, die nicht durch eine hohe Stärke oder unvorteilhafte Form negativ ausfällt, bewirkt, dass das Umfeld uns intelligenter einschätzt als vorher. Wie wir des Weiteren Flirtbereitschaft unseres Gegenübers anhand seiner Körpersprache wahrnehmen können, das wurde besprochen, ferner auch drei Möglichkeiten erschlossen, wie man verbalen Kontakt aufnimmt. Indirekte Strategien bringen den größten Erfolg. Probieren wir es aus!

2. *Es gibt nichts Hässliches:* Die Erkenntnisse der Psychoanalyse machen biologische Schönheit, die die Evolutionsbiologie definiert, relativ. Angenommen Sie haben irgendein Merkmal, das im Allgemeinen nicht als hübsch empfunden wird. Aber gerade dieses zieht möglicherweise Menschen an, die sich dadurch unbewusst an ihren anders geschlechtlichen Elternteil erinnert fühlen, den sie geachtet und geliebt haben. Vertrauen wir darauf. So hat man manchmal ein Stein im Brett und weiß gar nicht warum. Wir setzen ferner auf die Präsentation eines hohen sozialen Status, das ist entscheidend. Manchmal ist auch Intelligenz oder soziale Kompetenz wichtiger als das Aussehen.

3. *Von nichts kommt nichts:* Aktivität bringt den Flirterfolg! Wie viele Flirts gehen ungenutzt an uns vorüber, weil man sich nicht traut? Sicherlich liegt ein Risiko darin, wenn man mit möglichst vielen Individuen flirten will. Die Körbe werden nie ausbleiben. Dafür werden wir aber stets flirt- und kommunikationskompetenter und treffen Menschen, die uns sehr wertvoll werden. Wir hätten sie niemals kennen gelernt, wären da nicht unser Mut und unsere Aktivität gewesen. Das Leben ist so oder so kurz, machen Sie was daraus.

4. *Körbe bedeuten nichts:* Ein überstrenges *Über-Ich* (Gewissen, Ansichten von Mutter und Vater, das »Man« der Gesellschaft) schürt die Angst vor dem Ansprechen eines reizenden Menschen. Nämlich: Angst vor Ablehnung. Die Meinung der anderen zählt im Allgemeinen viel zu viel. Schwächen Sie ein mächtiges und Lebenslust bremsendes *Über-Ich*. Das funktioniert durch Reflexion über vergangene Verhältnisse der Eltern-Kind-Beziehung und mit der Praxis einiger moralisch unbedenklicher Peinlichkeiten im Alltag. Das verschafft den emotionalen Abstand bei Körben. Abfuhren bleiben niemals aus, na und?

3.
Gestörte und sinnvolle Kommunikationsmuster in Zweierbeziehungen

»Man muss immer auf die Erziehung zurückverweisen, wenn man die Störung der Liebesfähigkeit begreiflich machen will. Wer etwa unter dem Einfluss von verwöhnender Erziehung heranwuchs, wird Liebe zumeist als Verwöhnt-werden-Wollen missverstehen. Er misst dann seinen Partner daran, ob dieser ihn so verhätschelt, wie dies etwa die Mutter getan hat. Regungen von Eigenständigkeit und auch persönliche Ansprüche werden beim Liebespartner als Egoismus gedeutet, indem man sich selbst Anspruchshaltungen und zügellose Selbstherrlichkeit sehr tolerant durchgehen lässt.« (RATTNER & DANZER 2001, 47)

Die Untersuchung von KLANN (2002) an institutionellen Beratungsstellen in der BRD hat gezeigt, dass die Problemfelder in Zweierbeziehungen in den letzten 20 Jahren wesentlich gleich geblieben sind. Es handelt sich um folgende Konfliktbereiche:

- Unbefriedigende Kommunikation,
- gestörte Sexualität,
- unangemessenes Streitverhalten,
- Eifersucht,
- störendes Temperament und
- unliebsame Gewohnheiten des Partners.

Der institutionellen Eheberatung geht es vorwiegend um Prävention von Trennung und Scheidung, die sich auf Grund von diesen Phänomenen ergeben können. Vier Ansätze finden in der Praxis Anwendung (KLANN & HAHLWEG 1994):

1. Psychodynamische Interventionen;
2. Kommunikationstheoretische bzw. systemisch-strukturelle Theorien;
3. Verhaltenstherapie für Ehepaare;
4. Klientenzentrierte Gesprächspsychotherapie nach ROGERS (1972/1999).

Im Folgenden will ich einige Anmerkungen zu den einzelnen Interventionen geben.

Tiefenpsychologischer Ansatz der Paarberatung

»In der psychoanalytischen Paartherapie berücksichtigt der Therapeut in seiner Arbeit, dass die pathologischen Prozesse, die er bei den Partnern und in der Paarbeziehung erkennt, nicht nur durch bewußte, sondern auch durch unbewußte Vorgänge determiniert sein können. Seine Wahrnehmungen, Schlußfolgerungen und Interventionen sind durch die psychoanalytischen Konzepte von Widerstand, Übertragung und Gegenübertragung beeinflußt« (KREISCHE 2000, 257).

Vorgehensweisen der tiefenpsychologischen Paartherapie beziehen sich, weil die KlientInnen im Allgemeinen nicht um die psychoanalytischen Grundbegriffe und Argumentationsketten wissen, demnach genau auf das Bewusstmachen der Beziehungsphantasien bzw. deren unbewussten Bemühungen, den eigenen ungelösten Konflikt durch die Kommunikation mit dem gegenwärtigen Partner lösen zu wollen.

In HELLINGERs Ansatz (1994; 1997) beispielsweise wird eine Ursprungsordnung innerhalb von Familien angenommen, die mit »Ordnungen der Liebe« betitelt werden. Darunter versteht er Bedürfnisse nach Zugehörigkeit, Würdigungen von Verdiensten und die Anerkennung von schicksalhaften biographischen Ereignissen im Leben der KlientInnen. Weil angenommen wird, dass vergangene Konflikte der Ehepartner mit deren Eltern wieder (irrational motiviert) aktuell erlebt werden, strebt der Therapeut die Bewusstmachung des Wiederholungszwanges an. Bei der Methode der Familienaufstellung werden Phantasien und Erwartungen des Einzelnen, Paares oder der Familie mit Rollenspielen ins unmittelbare Bewusstsein transferiert. Diese Rollenspiele, welche vergangene Strukturen der zwischenmenschlichen Beziehungen innerhalb der Herkunftsfamilie im optimalen Fall abbilden, werden mit rekrutierten Personen in einer Gruppe durchexerziert und so verarbeitet. Die Methode des Rollenspiels ist auch in der Gestalttherapie etabliert.

Wie zu erkennen ist, basieren psychodynamische Ansätze auf der psychoanalytischen Ausgangsposition. Die Grundthese: unbewusste Konflikte bewusst machen und dadurch bewältigen.

Kommunikations- und systemtheoretische Beratung für Paare

Nach WELTER-ENDERLIN & JELLOUSCHEK (2002) sind vor allem folgende Aspekte der systemtherapeutischen Praxis mit Paaren relevant:

- Fallverstehen,
- Lebensthemen anhand von Genogrammen erschließen,
- emotionale Rahmung.

Die Familientherapie – so wird die systemische Beratung mit KlientInnen auch genannt – wurde von verschiedenen AutorInnen angeregt, z.B. ACKERMANN, WYNNE, BOWEN UND BOSZORMENYI-NAGY. Die AutorInnen hatten u.a. mit schizophrenen Patienten zusammengearbeitet. Die daraus resultierenden Erfahrungen und Erkenntnisse – insbesondere: Relevanz des umgebenden sozialen Umfeldes, d.h. der Familie – haben entscheidend zur Entwicklung der Familientherapie beigetragen. »Viele Therapeuten wandten ihre Aufmerksamkeit zunehmend der Familie ihrer Patienten zu und fanden – in dem damals selbstverständlichen Modell linearen Ursache-Wirkungs-Denken – die „Ursache“ und damit die „Schuld“ für das kranke Verhalten ihres Patienten in dem „gestörten“ Verhalten der Familienangehörigen« (STEINER et al. 2002, 9).

Diese Beobachtungen hatten unmittelbare Auswirkungen auf die Erklärung von Konflikten: »Familienberater und -therapeuten gehen davon aus, dass viele psychische Probleme, Verhaltensstörungen, psychosomatische Erkrankungen und Suchtkrankheiten ihren Ursprung im Beziehungsnetz des betroffenen Kindes oder Erwachsenen haben. Symptome resultieren also aus pathogenen Strukturen und Prozessen im sozialen Umfeld dieser Personen, insbesondere in ihren Familien« (TEXTOR 1992, 419).

Individuelle Probleme werden aus Sicht der Familientherapie zu systemischen Konflikten. »Menschen sind keine isolierten Einzelwesen, und daher ist jede Handlung darauf zu befragen, welche Bedeutung sie für das System hat, in dem der Mensch lebt« (VON SCHLIPPE 1995, 30).

Verhaltenstherapie mit Paaren

»Zentrale Annahme im lerntheoretischen Erklärungsmodell ist, dass eine zufriedene Partnerschaft gekennzeichnet ist durch ein hohes Maß an einer so gearteten gegenseitigen Belohnung und durch eine geringe Rate gegenseitiger Bestrafung« (SCHINDLER et al. 1998, 33).

Weil es in unzufriedenen Zweierbeziehungen gerade umgekehrt zu sein scheint – unglückliche Paare verstricken sich gegenseitig in stetig verstärkende unvorteilhafte Verhaltensmuster –, ist verhaltensorientierte Paartherapie in der Regel veränderungsorientiert, wobei charakteristisch ist, dass die *aktuelle* Beziehungsgestaltung im Vordergrund steht.

Verhaltensorientierte Paartherapie intendiert die Zunahme an positivem Verhalten und die Abnahme des nachteiligen. Daher konzentriert man sich auf das Interaktionsverhalten, eindeutige Kommunikation sowie Problemlösefähigkeiten.

Gesprächspsychotherapie nach ROGERS

Im allgemeinen Bewusstsein dürften sich die Beratervariabeln nach ROGERS (1972/1999): *Empathie, Echtheit* und *Toleranz* etabliert haben. Sie gelten als die Eckfeiler der klientenzentrierten Beratung.

»Dieses Verstehen und dieses Akzeptieren bewirken im Klienten eine Änderung seiner Einstellung zu sich selbst in Richtung größerer Akzeptanz und zu mehr Mut, seine Probleme mit den ihm zur Verfügung stehenden Mitteln zu lösen. Für ein Paar bedeutet es, dass Endlosschleifen von projektiven Vorwürfen unterbrochen werden, d.h. die Partner hören damit auf, dasjenige, was sie an sich selbst nicht mögen, besonders vehement, dem anderen zum Vorwurf zu machen« (SANDERS 2000, 95).

Das Menschenbild der Gesprächstherapie ist ein völlig anderes als das der Psychoanalyse. Die Humanistische Psychologie geht von einem von Grund auf sozialen Menschen aus, dessen eigenes Vermögen zur Selbstbestimmung und -entfaltung mit Hilfe der drei Beratervariablen freigelegt werden soll. Besonders die existenzielle Angst soll dabei überwunden werden.

Die eigenen Schattenseiten wahrnehmen und bei der Kommunikation berücksichtigen

Jede Therapieschule hat ihre eigene Art und Weise, Eheprobleme anzugehen. Institutionelle Beratung erzielt, nebenbei erwähnt, mittlere Effekte. Der längerfristige Erfolg der wirksamsten Ehetherapien liegt zwei Jahre nach Therapieende bei maximal 50%. Die effektivste Ehetherapie, die auch am häufigsten empirisch untersucht wurde, ist die Verhaltenstherapie (HAHLWEG 2002).

Einige Phänomene im Partnerschaftsalltag, so scheint es mir, werden in der gängigen Therapie nicht im vollen Maß angemessen berücksichtigt, damit meine ich, genauer gesagt, deren Ursachen. Betrachten wir ein populäres Problem, die Eifersucht. Nehmen wir an, einer von beiden Partnern verspürt eine ungemein starke Eifersucht, wenn sein Pendant mit anderen attraktiven Individuen flirtet, und diese blinde und starke Leidenschaft lässt er den anderen spüren. Dies wäre also ein wahres Problem in der Zweierbeziehung. Andere Bereiche des partnerschaftlichen Lebens werden üblicherweise bereits von einem Konfliktpunkt negativ beeinträchtigt (Schneeballprinzip).

Ein Verhaltenstherapeut würde dem Paar vielleicht Übungen für den Alltag vorschlagen, mit denen die Eifersucht bekämpft werden könnte, z.B. getrennte Unternehmungen, separat Freundeskreise pflegen usw. Wieder etwas Entfernung herstellen. Psychoanalytiker und systemische Therapeuten würden mit den KlientInnen möglicherweise Vergangenheitsbewältigung betreiben. Vielleicht würde die übertriebene Eifersucht in einem engen Mutter-Kind-Verhältnis oder der Herkunftsfamilie begründet sein. Gesprächstherapeuten schließlich könnten versuchen, die Gefühle des Eifersüchtigen zu verstehen, ihn voll zu akzeptieren, damit er seine Ängste bewusst wahrnimmt und überwindet.

Was wäre aber, wenn die Eifersucht, ich gehe von der sexuellen aus, schlechterdings angeboren und somit eher mit einem anderen Zugang zu erledigen ist? Mit Neid verhält es sich möglicherweise ebenso. Theorien, evolutionsbiologische und philosophische, dazu gibt es. Sie werden aber in der Praxis der Eheberatung nicht berücksichtigt. Ich will daher im Folgenden u.a. die Sichtweise der Humanbiologie hinsichtlich dieser zwei Menschlichkeiten erläutern. Im Grunde wird hier eine andere Sichtweise beleuchtet, die beiden genannten Phänomene mit biologischen Grundlagen zu erklären. Ich verfahre ferner parallel auch tiefenpsychologisch, weil es u.a. zu den Phänomenen Neid und Eifersucht fachspezifische Erklärungen gibt.

Im Allgemeinen sind Eifersucht und Neid unbewusst motiviert. Wir schreiben diese beiden geheimen Charakteristiken stets den anderen, aber nie uns selbst zu. Natürlich sind wir auch nicht frei davon. Das ist nicht weiter tragisch, denn es gibt Wege, die Eifersucht und den Neid einzudämmen. Durch Einsicht. Je *bewusster* ich meiner eigenen Eifersucht bin – dazu muss ich sie zunächst akzeptieren –, desto eher kann ich sie dort lassen, wo sie hingehört: in meinem Kopf!

Eifersucht ist keine Liebe, auch nicht Verändern- bzw. Erziehen-Wollen, um das es u.a. ebenso im Folgenden gehen wird.

3.1 Populäre Störfaktoren in Partnerschaften

Wie oben gesagt, die gängigen Paarprobleme sind:

- Unbefriedigende Kommunikation,
- gestörte Sexualität,
- unangemessenes Streitverhalten,
- Eifersucht,
- störendes Temperament und
- unliebsame Gewohnheiten des Partners.

Diese unerfreulichen Faktoren stehen in unmittelbarem Verhältnis zueinander. So geht mit dem Verlust der Qualität der Paarkommunikation auch in den meisten Fällen eine beginnende lustlose Sexualität einher. Oder ein anderes Exempel: das Erziehen-Wollen. Versuche ich meinen Partner zu ändern, dann verärgere ich ihn notwendigerweise. Es brodelt in ihm. Niemand will nacherzogen werden. Mein Lebensgefährte wird es mir irgendwie höchstwahrscheinlich heimzahlen, danach bin ich wieder dran mit Rachegelüsten usw. Ein infantiler wechselseitiger Prozess entsteht, der auch sicherlich eine Nonsens-Kommunikation auslösen wird.

Aber der umgekehrte Fall gilt erfreulicherweise auch: je besser in *einem* zwischenmenschlichen Bereich miteinander umgegangen wird, etwa das außerhäusliche Flirten des anderen bejahen, desto intensiver werden andere Faktoren positiv beeinflusst. Die Verhaltenstherapie geht denselben Weg zur Einleitung der positiven Reziprozität (= sich selbst verstärkende positive partnerschaftliche Verhaltensweisen).

Der erste Schritt der nachfolgenden Argumentation charakterisiert sich als Versuch einer Prävention von bestimmten Ehekonflikten und intendiert ein Stück weit Reflexionstätigkeiten unsererseits, damit auch einige gesellschaftliche und angeborene Hirngespinste in Frage gestellt werden können. Im zweiten Vorgehen will ich auf Methoden der sinnvollen Kommunikation in den wesentlichen Thematiken des Paar-Alltags hinweisen, die die Partnerschaftsqualität sichern bzw. steigern sollen.

3.1.1 Verändern-Wollen

»Ratschläge sind Schläge.« (MOELLER 2000, 37)

Manche Menschen treten gerne als Erzieher ihres Pendants auf. Sie nörgeln in bestimmten Situationen stets am ihm herum. Dabei sind die Anlässe unzählbar, man kann immer etwas finden, was stört, was man gerne am anderen ändern würde, z.B. Kleidungsstil, Hobby, Gestik, Mimik, Essgewohnheiten, Musikgeschmack, Grad der Geselligkeit, Meinungen, Norm und Wertempfinden, wie er das Frühstücksei aufschlagen soll usw. Oftmals heißt es: »Mach das und das anders, das ist doch nicht normal.« Was Nacherzieher stört, das ist das notwendigerweise andersartige Temperament des Partners. Dabei wird oft der Narzissmus auf den anderen ausgedehnt, was sich in Aussprüchen vor Freunden und Bekannten zeigt: »*Wir* brauchen keinen neuen Fernseher!« oder »*Wir* sind müde und fahren jetzt nach Hause«. Nach KLANN & HAHLWEG (1994) haben 52% der untersuchten Paare, die eine institutionelle Eheberatungsstelle in der BRD konsultierten, charakterliche Differenzen als ungelöstes Problem angegeben (vgl. auch DAMM 2004).

Alles ist subjektiv bedingt – und somit gibt es keine objektiv gültige Realität

Was ist normal? Gibt es so was wie Normalität? Ganz kurz und schmerzlos: nein! Normal im Alltag ist immer das, was ich selbst, jeder Mensch, als normal definiert. Die Wirklichkeit liegt immer als subjektives Gehirnphänomen in einem selbst, und es kommt darauf an, was ich für ein Mensch *bin* (vgl. WATZLAWICK 1974/2003). Wie mein Charakter und meine Attributionen *sind*, so *ist* auch meine Welt. Nur, wer bin ich? Nicht einfach zu sagen. Manchmal ist mein eigenes Urteil kein anderes als z.B. das meiner Eltern, sie haben nicht wenig von ihrem Norm- und Wertbewusstsein an mich weitergegeben. Ein anderes Mal entspricht meine Meinung der eines Menschen, den ich früher sehr geschätzt habe. Wir nehmen häufig unsere verschiedenen inneren Stimmen und Konturen nicht bewusst wahr (HENNIG & PELZ 2002).[20]

Auf Grund von unterschiedlicher Erziehung und sonstigen gesellschaftlichen Einflüssen haben Menschen abweichende Ansichten. Das wäre ja insofern nicht tragisch, wenn das berühmte und oftmals proklamierte »leben und leben lassen« auch tatsächlich praktiziert werden würde. Aber, wie oben erwähnt, das störende Temperament des Partners, d.h. seine charakterliche Andersartigkeit, wird im Allgemeinen nicht gerne respektiert, weil sie eben von unserem Empfinden von Normalität notwendigerweise abweicht.

Warum wir gerne unseren Partner modifizieren wollen

Die ganze Problematik ist natürlich rein subjektiv bedingt: kein Ankläger, kein Täter. D.h., Charaktereigenschaften des Partners stoßen nur dann an, wenn jemand da ist, der sie als störend definiert. Eine *andere* Konstellation, *neue* Probleme. Nehmen wir an, wir sind unglücklich liiert, würden daher gerne eine neue Beziehung erleben. Der neue Partner hätte sicher nicht mehr die »Fehler« des vorigen, aber dafür *andere*.

Ein erster Schritt hin zu einer erfreulichen Qualität der Zweierbeziehung, wäre für viele Paare die praktizierte Toleranz gegenüber den Charaktereigenschaften des Partners. Jegliche Formen von psychischer und physischer Gewalt sind natürlich ausgenommen, sie sind nicht hinnehmbar.

Nicht wenige Menschen nehmen Anstoß an den kleinsten temperamentvollen Abweichungen und wollen Sie abschaffen. Warum Andersartigkeiten im Großen und Ganzen

20 In der Transaktionsanalyse (vgl. HENNIG & PELZ 2002) werden innere unbewusste Instanzen bewusst gemacht, z.B. Eltern-Ich, Kind-Ich usw.

in Zweierbeziehungen nicht einfach so in Kauf genommen werden, liegt aus Sicht der Tiefenpsychologie in Folgendem begründet:

1. *Erziehen-Wollen wegen eigener Kindheitserfahrungen:* Wie oben erwähnt, kann die Intoleranz von charakterlichen Abweichungen in der Kindheit erlernt werden. Wenn Eltern ihr Kind verstärkt manipulieren, dann manipuliert es als Erwachsener möglicherweise seine Bezugspersonen genauso: Vorbildfunktion. Kindern demgegenüber, deren Eltern großen Wert darauf gelegt haben, dass sie angstfrei aufwuchsen und eigenen Strebungen nachgehen durften, stehen mehr Handlungsalternativen offen. Ein gewisses Streben nach Sicherheit und Ordnung ist bei Menschen, die ihren Partner nacherziehen wollen, ebenso erkennbar. Je berechenbarer und »gläserner« mein Lebensgefährte ist, desto sicherer bin ich mir auch seiner. Etwaige Risiken können so minimiert werden. Doch mit der Sicherheit und Berechenbarkeit kommt auch die Langeweile (siehe unten). Wer seine Umwelt statisch einrichtet, dazu gehört auch der Partner, der lebt im strengen Sinn des Wortes nicht mehr. Denn Stillstand ist der Tod (LAUSTER 2001).

2. *Erziehen-Wollen wegen der Meinung der anderen:* Dass allgemein peinliche Angelegenheiten uns nachgehen, liegt, wie oben gesagt, am *Über-Ich*. Die Meinungen der Mitmenschen über uns sollen wohlgesonnen sein. Sagt oder tut mein Partner etwas, was das soziale Umfeld provoziert, dann ist in unseren Augen nicht er peinlich, sondern wir. Immerhin ist es ja unser Partner. Um bei Mitmenschen nicht in Misskredit zu geraten, werden daher gerne klare Verhältnisse in der Beziehung geschaffen, damit Peinlichkeiten ausbleiben.

Wie Sie sehen, ist der Antrieb zum Erziehen unseres Partners meistens unbewusst verankert und leider im Ehealltag oftmals real vorhanden. Die Nacherziehung ist für viele Streitigkeiten verantwortlich.

Weil Menschen im Allgemeinen kognitiv sehr unterschiedlich sind, Frauen und Männer im Speziellen sowieso (siehe unten), bietet sich Toleranz als Voraussetzung einer hohen Partnerschaftsqualität unbedingt an. Weiter unten werden wir mehr dazu lesen.

3.1.2 Eifersucht

Eine mindestens ebenso lange Tradition wie die Institution Ehe hat auch die Eifersucht, die höchstwahrscheinlich jedem Menschen unmittelbar bekannt ist oder zumindest einmal war. Die Eifersucht wird übrigens auch in fast jedem romantischen Klassiker besonders berücksichtigt.

Evolutionsbiologische Grundlegung der Eifersucht

Eifersucht ist eine blinde und irrationale Leidenschaft, in Gestalt eines Affekts vorstellbar. Sie entstammt ganz eindeutig unserer nicht allzu leicht zugänglichen inneren Seite der Persönlichkeit. Die Humanethologie geht von biologischen Ursachen aus (BUSS

2000), d.h., dass jedem eine gehörige Portion davon mit in die Wiege gelegt wurde. Eifersucht hat schon bei Paaren zu physischer und psychischer Gewalt und bekanntermaßen sogar zu Morden geführt. Sie ist daher auch in ihren schwächeren Nuancen sehr ernst zu nehmen, weil sie das Wohl der Bindung permanent belauert, sollte einer von beiden sie beim geringsten Anlass verspüren und ihr Ausdruck gewähren.

Obwohl sie ein irrationales Gefühl ist, so hat die Eifersucht eine sinnvolle metaphysische Funktion – für die Natur im Gesamten. Denn sie hält üblicherweise das Paar, welches den biologischen Auftrag der Fortpflanzung aufgetragen bekommen hat, zusammen. Interessanterweise verspüren Männer und Frauen bei unterschiedlichen Konstellationen Eifersucht. Nach BUUNK & DIJKSTRA (1998) sind Männer erst dann missgünstig anderen Geschlechtsgenossen gegenüber gestimmt, wenn diese hoch dominant auftreten, d.h. maskuliner und ressourcenpotenter erscheinen als sie selbst. Frauen empfinden signifikant mehr Eifersucht, sobald eine Rivalin ins Spiel kommt, die hoch attraktiv ist, also vermeintlich femininer ist als sie. Frauen vergleichen in diesen Fällen intuitiv das eigene Erscheinungsbild mit dem der Konkurrentin. Wie man sieht, offenbaren sich in diesem Beispiel wieder die biologischen Gesetze der Partnerwahl, nach denen sich die Männer durch Statusorientierung und Instrumentalität (Maskulinität), Frauen durch physische Ausstrahlung und Feminität charakterisieren.

Nicht selten ist Eifersucht auch ein Trennungs- und Scheidungsgrund, was Forschungen zur institutionellen Eheberatung zeigen. Nach einer Erhebung von KLANN & HAHLWEG (1994, 73) an Ehe-, Familien- und Lebensberatungsstellen in der BRD wird von 28% der untersuchten Paare Eifersucht als ungelöstes Problem angesehen.

Trotzdem wird Eifersucht interessanterweise von der Gesellschaft als notwendige Begleiterscheinung der Liebe angesehen, gelten doch Nicht-Eifersüchtige als gleichgültig ihrem Partner und der Zweierbeziehung gegenüber. Jemand, der sagt: »Ich gestatte meinem Partner die Freiheit, dass er andere Menschen kennen lernen und mit ihnen flirten darf«, erfährt nicht selten Widerstand und bekommt als Antwort: »Ja, aber wenn er/sie sich in jemand anderes verliebt? Ich könnte das nicht.« Dahinter steckt einiges, aber mit Sicherheit nichts Rationales.

Mit Eifersucht, so hoffen die meisten inständig (auch wenn es ihnen nicht bewusst ist), kann man den Partner fest an sich binden. Sich durch bestimmte »präventive« Verhaltensweisen seiner sicher zu sein, das ist das Ziel. So zeigt sich die blinde Leidenschaft bei Menschen, wenn sie mit folgenden affektiven Reaktionen *nur* ihre »Liebe« ausdrücken wollen: ankommende SMS des Partners überprüfen, Rechenschaft über verspätete Heimkehr verlangen, Kontrollanrufe bei separaten Unternehmungen. Viele unterstellen ihrem Liebsten des Weiteren Flirts mit Dritten, Dates und sogar Seitensprünge. Auf diese Verhaltensweisen wird natürlich meistens genauso vernunftwidrig reagiert, wodurch oft ein Teufelskreis, eine negative Reziprozität entsteht. Und dennoch rechtfertigt der Volksmund die Eifersucht. Je mehr jemand liebt, desto eifersüchtiger darf er anscheinend sein.

Eifersucht ist keine Liebe, sondern beruht auf Egoismus, Angst, Minderwertigkeitsgefühlen und dem daraus resultierenden Machtstreben, was einer Überkompensation entspricht.

Tiefenpsychologische Erklärungen zur Eifersucht

Betrachtet man die psychischen Vorgänge des Eifersüchtigen etwas genauer, so offenbaren diese Menschen grundsätzliche Verlustängste. Nach RATTNER & DANZER (2001, 84ff.) ist der eifersüchtige Mensch demnach als Angstcharakter definiert. Er hat Angst davor, dass ein anderer Geschlechtsgenosse besser, attraktiver und wertvoller ist als er. Dieser reizende Mensch könnte den Partner ausspannen. Ein Minderwertigkeitsgefühl macht ihn also aus. Weil er dieses Gefühl überkompensiert, zeigt er Stärke, Aggression und Machtstreben. Schwäche wird also in Stärke umgewandelt. Am liebsten würden stark Eifersüchtige ihr Pendant zu Hause einsperren, um die letztendliche Gewissheit zu haben, dass nichts an ihn herankomme, also keine »Gefahr« bestünde. Aber gerade Macht und Unterdrückung in der Partnerschaft bewirken das Gegenteil.

Die Gründe für Eifersucht sind nach der Tiefenpsychologie in der individuellen Kindheitsgeschichte begründet. So gilt z.B. Geschwistereifersucht als Vorlage für derartige Erlebnisse als Erwachsener, weil man die Thematik in die gegenwärtige Beziehung überträgt (RATTNER & DANZER 2001).

Sie kennen vielleicht auch das Phänomen, dass manche Menschen ihrem Pendant nichts erlauben, was nach einem Flirt mit anderen aussieht, sich selbst hingegen aber alles, z.B. auf der Piste. Daraus ergibt sich oftmals ein anderes unbewusstes Raster. Wer etwa selbst zur Untreue neigt, der *projiziert* des Öfteren seine eigene haltlose Verhaltensweise auf seinen Partner, obwohl dieser vielleicht überhaupt keine derartigen Neigungen verspürt.

Stehen wir zu unserer Eifersucht und lassen wir sie dort, wo sie hingehört – im Kopf

Was aus dieser Darstellung hauptsächlich hervorgehen soll, ist: jeder Mensch ist zu einem gewissen Grad eifersüchtig, denn die blinde Leidenschaft ist einerseits angeboren, andererseits oftmals in der Kindheitsgeschichte grundgelegt. Auch die Gesellschaft erzieht uns zur Haben-Mentalität (FROMM 1976/2003): *mein* Partner, *meine* Mitarbeiter, *meine* Firma, *mein* Auto usw. Leider werden Menschen, die Eifersucht eingestehen, von der Allgemeinheit eher verdammt. *Das gehört sich nicht.* Manche scheuen wie der Teufel das Weihwasser ein vermeintliches Eingeständnis, eifersüchtig zu sein (»Was!? Ich!? Ich bin doch nicht eifersüchtig!«).

Fakt ist, dass Eifersucht für sehr viel Leid in vielen Familien verantwortlich ist. Wenn es doch nur nicht so schwer für viele Menschen wäre, nicht eifersüchtig zu sein. Weiter unten werden wir eine Möglichkeit kennen lernen, die Sache rational anzugehen. Mit Bewusstmachung und Akzeptanz dieser irrationalen Strebung.

Neid

Ebenso kann davon ausgegangen werden, dass Neid eine gewichtige Rolle im Ehealltag einnehmen kann. »Am besten gedeiht die Missgunst dort, wo sie am wenigsten zu suchen hat: im engsten Freundeskreis« (SCHRÖDER 2003).

Wer neidet, der denkt nicht logisch. Beneidet wird oft ein anderer Mensch, der uns etwas voraus hat, z.B. ein schnelleres Auto, volleres Konto, attraktiverer Partner, rustikalere Gesundheit usw. Wir meinen dann oft, dass es diesem Menschen mit dem ein oder anderen Phänomen glücklicher ergeht als uns. Das darf nicht sein. Neid unterstellen wir überwiegend anderen, aber selber gestehen wir ihn uns nicht ein. So irrational wie die Eifersucht, so waltet und schaltet dieses heimliche negative Gefühl auch oft in Zweierbeziehungen und Familien. Etwa so mancher Vater, der als Kind im örtlichen Fußballverein aktiv war, wird seinen Sprössling, der gerade einen Profivertrag bei einem Bundesligisten unterschrieben hat, einerseits beneiden, andererseits Stolz empfinden. Im gemeinsamen Haushalt lebende Ehefrauen mit Kleinkindern neiden manchmal – zurecht – die ganztägige Berufstätigkeit des Mannes. Nachbarn denunzieren einander anonym bei Finanzämtern, wenn sie glauben, da gehe etwas nicht mit rechten Dingen zu, wenn plötzlich Konsumgüter aus heiterem Himmel auftauchen. Einige Beispiele aus dem Alltag:

Situation	**Reaktion des Pendants**
Der Partner besteht eine Prüfung.	»Siehst du, das habe ich doch gleich gewusst! Und du hast dich so angestellt!«
Der Lebensgefährte wird im Beruf befördert.	»Mir passiert so was nie! Wenn ich dir nicht den Rücken freigehalten hätte, ha!«
Der Sohn hat sein Grundschulpädagogik-Examen bestanden und möchte vom Vater ein Lob.	»Hm, hättest du doch Jura studiert, so wie ich!«
Der Partner kommt freudestrahlend vom Betriebsausflug zurück.	»Du hast deinen Spaß gehabt, und ich? Ich hatte hier alle Hände voll zu tun!«

Die obigen Ausführungen zu den beiden affektiven Menschlichkeiten Eifersucht und Neid sollen klar machen, dass sie einerseits im Partnerschaftsalltag existent sind, andererseits die Beziehung unnötig negativ belasten können. Weiter unten werden wir Tipps zur Unterbindung sowie progressive Kommunikationsfertigkeiten in adäquaten Situationen kennen lernen. Je eher nämlich diese dunklen Eigenschaften wahrgenommen und ausgeschaltet werden, desto höher ist die Partnerschaftsqualität. Eine funktionierende Bindung ist stets angewiesen auf die permanente gegenseitige positive Bestätigung der Individuen (MOELLER 2001), auf Unterstellungen und negative »Vibrations« kann sie verzichten.

3.1.3 Streitigkeiten

60,4% der untersuchten Ehepaare (N = 188) in einem vom Autor durchgeführten Forschungsprojekt (DAMM 2004) hatten als Grund, warum eine institutionelle Eheberаtungsstelle aufgesucht wurde, »Übermaß an Konflikten im Alltag« angegeben. Streitigkeiten stellen ein weit verbreitetes Problem in Zweierbeziehungen dar. Das lässt sich auch durch viele andere Projekte bestätigen (zusammenfassend SCHINDLER et al. 1998). Nach einer Untersuchung von WILLI (2002, 68) sind interessanterweise die gegenseitigen Vorwürfe der Partner im höchsten Grad geschlechtsspezifisch. *Männer werfen Frauen* demnach u.a. Folgendes vor:

- Kontrollstreben,
- zu großes Bedürfnis nach Nähe,
- zu sehr auf das Kind konzentriert zu sein,
- dass sie ihn erziehen wollen,
- dass sie zu viel reden,
- dass sie ihn nicht akzeptieren, wie er ist,
- dass sie zu emotional, affektiert und fordernd sind.

Frauen werfen Männern vor:

- dass sie unnahbar und zu häufig im Büro sind,
- nichts im Haushalt zu tun,
- abwesend zu sein,
- nicht fähig zum Zuhören zu sein,
- dass sie ihre Arbeit im Haushalt nicht wahrnehmen,
- nicht reden zu können, d.h. wortkarg zu sein,
- nicht zärtlich zu sein, kein Einfühlungsvermögen zu haben,
- dass sie nur Sex wollen (nach WILLI 2002, 68f.).

Unterschiedlichkeiten der Geschlechter zeigen sich auch auf der Verhaltens- und Einstellungsebene im Alltag und Freizeitbereich. Wie oben bereits erwähnt, werden charakterliche Andersartigkeiten häufig nicht gerne toleriert, weil man davon überzeugt ist, der andere könnte sie, wenn er nur wollen würde, ändern. Der Antrieb zum Verändern-Wollen kann, wie die Tiefenpsychologie ausführt, darin liegen, dass die Erziehungsmittel der Eltern verinnerlicht wurden und in die gegenwärtige Paarbeziehung *übertragen* werden.

Ich möchte des Weiteren noch auf stereotype Differenzen von Männern und Frauen hinweisen, die ebenfalls zu Zerwürfnissen führen können. Nicht die Unterschiede an sich sind Konflikt verursachend, sondern die Intoleranz und die daraus erwachsende negative Kritik am anderen.

Stereotype[21] Beschäftigungen und Hobbys von Frauen:

- Romantik beim Sex,
- Kitschromane, -filme,

21 Ich möchte unbedingt darauf hinweisen, dass es sich um *Stereotype* handelt, um Zuschreibungen. Mit Sicherheit weichen auch nicht wenige Frauen und Männer stark davon ab. Erstellt wurden die Listen von Männern und Frauen in einer Umfrage mit 23 StudentInnen aus Landau/Pfalz im August 2003. Das Durchschnittsalter beträgt 24,5 Jahre, das Minimum liegt bei 20, das Maximum bei 29 Jahren.

- endlose Telefonate und Talk mit Freundinnen,
- Kosmetik und Styling,
- mit Freundinnen auf die Piste gehen,
- Kinder,
- Shoppen,
- zwischenmenschliche Probleme durchkauen (bis in alle Ewigkeit),
- heimelig den Haushalt dekorieren.

Stereotype Beschäftigungen und Hobbys von Männern sind:

- Fußball,
- Auto,
- mit (männlichen) Individuen auf die Piste gehen,
- Actionfilme,
- schneller Sex,
- Computer.

Männer und Frauen haben in der Tat differierende Bedürfnisse, die jeweils für das eigene Geschlecht repräsentativ sind. Einerseits entstehen sie durch die Sozialisation, andererseits sind angeborene Verhaltensschemata determinierend. Männer und Frauen sind unterschiedlich, und das ist auch gut so. In Abschnitt 3.2.3 werde ich noch mal darauf zurückkommen, damit die typischen Unterschiede der Geschlechter bewusst gemacht und somit toleriert werden können, um ein harmonisches Miteinander zu ermöglichen.

Bedürfnisse werden überwiegend irrational mitgeteilt und werden daher zurecht missverstanden

Viele Partnerschaften leiden unter einer gestörten Kommunikation. Wahre Bedürfnisse werden entstellt oder dem Partner gar nicht mitgeteilt (er muss sie von sich aus erkennen), sodass dieser sich einerseits angegriffen fühlt, andererseits die Wünsche des anderen oft nicht bemerkt. Meistens werden subjektive Empfindungen und Bedürfnisse als Du-Botschaft und nicht konkret auf die Situation bezogen mitgeteilt. Einige Exempel:

Gefühl	**Mitteilung**
Verlassenheit	»Du bist *nie* für mich da!«
Die Arbeit im Haushalt bleibt an mir hängen, ich bekomme es nicht gedankt	»Du tust *nie* etwas!«
Eifersucht	»Du schaust *immer* anderen Frauen/Männern nach!«
Der Rollladen im 1. Stock müsste hochgezogen werden	»Der Rollladen im 1. Stock müsste hochgezogen werden.«
Hier ist es unordentlich	»Du räumst nie auf!«
Langeweile	»Früher warst du viel engagierter!«

Die Folge von unreflektierten und nicht konkreten Du-Botschaften ist eine Nonsens-Kommunikation: »Nee, aber du [...]!« – »Nein, du [...]!«

Wie wir sehen, sind Kommunikationskompetenzen in einer Zweierbeziehung unumgänglich, besonders weil es sich um zwei Menschen handelt, die im Großen und Ganzen trotz Gemeinsamkeiten in einer eigenen Welt wohnen, entstanden durch differenzierte Erziehung und Anlage.

3.1.4 Langeweile

> »Die [...] erfahrene Liebe ist eine ständige Herausforderung: sie ist kein Ruheplatz, sondern bedeutet, sich zu bewegen, zu wachsen, zusammenzuarbeiten.« (FROMM 1956/2001, 119)

Der Anfang einer jeden Bindung ist die denkbar schönste Zeit für zwei Menschen. Man ist einander höchst aufmerksam gegenüber, nimmt den anderen mit allen Sinnen auf. Liebe geht durch die Sinne. Das Interesse am anderen ist exklusiv. Es gibt außerdem keinen Alltag im herkömmlichen Verständnis. Die Welt ist anders, einfach schön. Mit der Zeit nun wird man angepasster und ernüchtert, die Endorphine im Gehirn werden nach und nach abgebaut. Das hat des Öfteren negative Folgen: »In der Zeit der Werbung ist sich einer des anderen noch nicht sicher; die Liebenden suchen einander zu gewinnen. Sie sind lebendig, attraktiv, interessant und sogar schön – da Lebendigkeit ein Gesicht immer verschönt. Keiner *hat* den anderen schon, also wendet jeder seine Energie darauf, zu sein, das heißt zu geben und zu stimulieren. Häufig ändert sich mit der Eheschließung die Situation grundlegend« (FROMM 1976/2003, 53). Man empfindet dann oft die Gefühle Sicherheit und Langeweile – weil man den anderen besitzt, also *hat*. Konsultiert man die Eltern oder Freunde und Bekannte, dann heißt es: »Tja, das ist halt so! Ach, bei mir damals [...]«, und damit hat es sich.

Viele unterstellen einander, sich nicht zu ändern. Und warum? – *Weil wir uns selbst auch nicht gerne ändern.* So werden unbewusst eigene Schwächen auf den Partner projiziert. Eigentlich werfen sich beide gegenseitig vor, für die Langeweile und Leere verantwortlich zu sein: »Früher warst du ganz anders!«

Natürlich sind *beide* dafür verantwortlich. Unterschätzen wir ferner nicht den Einfluss der Gesellschaft! Der Alltag und der damit verbundene Stress beeinträchtigen die Qualität der Zweierbeziehungen. Vor allem Letzteres gilt als Ursache für Schwierigkeiten. BODENMANN (2000) betont, dass Paarbeziehungen durch verschiedene Formen von (Alltags-)Stress in ihren Problemlöse- und Kommunikationsfertigkeiten gehemmt werden. Daher zielt sein Ansatz auf die Steigerung der Kompetenz zur sinnvollen verbalen und nonverbalen, also körpersprachlichen (Stress-)Kommunikation ab. Das Ziel der Therapie: Alltagsstress gemeinsam meistern und sich unterstützend zu verhalten.

Zwei Charaktertypen sind in diesem Zusammenhang nennenswert: manche leben ihr Leben ausschließlich in streng rationaler Weise. Kein Ausbruch, keine Dummheiten, kein Ausflippen (im positiven Sinn). Diese Menschen wissen genau, was gut für sie ist und was nicht. Bis hin zur Entscheidung, ob man beim Essen lieber zwei oder vier Reiskörner auf die Gabel pickt. Darüber können sie stundenlang debattieren. Sie haben riesengroße Ansprüche an sich und nicht erfüllbare an andere. Sie sind beruflich sehr erfolgreich, weil sie vernünftige Kopfmenschen verkörpern: Gesellschaftsmaschinen. Bei dieser Lebenseinstellung kommt in Zeiten, in denen alles stimmt, die Langeweile oder Hysterie nicht selten in ihrem traurigen Gewand daher. Es fehlt etwas. Die unermesslich große Gefühlswelt wurde seit der Kindheit verdrängt. Wer sich dann später streng penibel Grenzen im Alltag setzt, die man nie einreißt, dann hat man auch nicht gelebt, sondern sich selbst und andere betrogen und angelogen. Dieser *über-ichige* Lebenswandel, vor allem im Mittelstand und Großbürgertum gang und gäbe, hat etwas von Einseitigkeit, Statik und Stillstand an sich. In einer Partnerschaft wird es ebenso penibel und kopflastig zugehen. Auch beim Sex. Als ob Sex Sache des Kopfes wäre! Manche Menschen mit überstrengem *Über-Ich* sind besonders anfällig für sexuelle Störungen: sie können das Denken beim Sex nicht ausschalten.

Eine glückliche Bindung bedarf der Auslebung beider Charakteristiken des Menschen: Gefühl und Verstand. Sie ist also abhängig von der aktiven Arbeit und der Selbstverwirklichung *beider Existenzweisen des Menschen*, ferner von Unsicherheit und Spontaneität.

Menschen, die unbewusst das andere Extrem präferieren, also ausschließlich permanent nach dem Lustprinzip leben (nach FREUD: *oraler* Charakter), kennen zwar keine Langeweile, sie sind aber selten fähig, sich, vernünftig motiviert, über längere Zeit *einem* Partner anzuvertrauen. Sie fühlen sehr schnell Leere, wenn die erste Phase der Verliebtheit, *Frischverliebt* (vgl. auch DAMM 2002a), in der es vor Glückshormonen nur so funkt, vorüber ist. Deshalb muss der derzeitige Lebensgefährte einem neuen Platz machen. Er hat ausgedient. Der Moor hat seine Schuldigkeit getan, der Moor kann gehen. Einige Menschen hangeln sich so von Ast zu Ast, ohne Ende in Sicht, ohne Rast und Ruhe.

Sie sehen, beide neurotische Charaktertypen können sich gleich schlecht auf die Partnerschaftsqualität auswirken. Das Mittelmaß wäre vorteilhaft. – Wenn da nicht die schwerwiegenden verdrängten Bereiche wären, gegen die man sich so vehement wehrt.

3.2 Tipps für sinnvolle Kommunikation im Alltag einer Zweierbeziehung

»Man soll sich beim Eingehen einer Ehe die Frage vorlegen: glaubst du, dich mit dieser Frau bis ins Alter hinein gut zu unterhalten? Alles andere in der Ehe ist transitorisch, aber die meiste Zeit des Verkehrs gehört dem Gespräche an.« (NIETZSCHE 1886/1982, 230)

Du-Botschaften bewirken oft eine gestörte Kommunikation

Im Allgemeinen senden wir Du-Botschaften im alltäglichen Miteinander – leider. Sogar wenn es um uns selbst geht, sagen wir wiederholt »Du«. Du-Botschaften sind oft ein Hauptgrund für eine irrationale Kommunikation. Vor kurzem habe ich einem Gespräch zwischen einer guten Freundin und irgendeiner ihrer Bekannten zufällig beigewohnt. Sehr aufschlussreich. Ihre Freundin, braun gebrannt, erzählte, dass sie gerade aus einem prächtigen Urlaub zurückgekehrt sei: »Ja, ich war in Portugal, da war es bereits in der Frühe so was von heiß, da hast *du* geschwitzt, haste nicht gesehen!« Als wir sie später dann noch mal von weitem sahen, sagte ich zu meiner Bekannten: »Guck mal, da ist wieder die, mit der *du* in Portugal warst.« Man kann manchmal, wenn man aufmerksam ist und aktiv zuhört, Erstaunliches hören: »Ich war vorgestern so was von krank, 40 Grad Fieber, da bist *du* machtlos!«

Oftmals ergeben sich bei der Verwendung von Du-Botschaften des Weiteren sehr schnell Konflikte, obwohl eigentlich keinerlei Anlass besteht. Wer als Kind etwa überdurchschnittlich oft die Rolle des Sündenbocks der Familie unfreiwillig spielen musste, permanent kleingehalten und bei jeder zweiten Gelegenheit schuldig gesprochen wurde, der hat wahrscheinlich bei Du-Botschaften, und sollten Sie noch so weit entfernt nach einer Schuldzuweisung klingen, sofort ein ziemlich großes unbewusstes Problem. Und was bleibt dann oft nur übrig? – Den anderen beschuldigen! Schon alleine aus diesem Grund verbieten sich Du-Botschaften (außer bei Lob) von selber.

Hinderlich sind auch diejenigen Situationen, in denen Menschen ihre eigene nachteilige Stimmung intuitiv auf den anderen projizieren, und zwar mit einer Du-Botschaft. Die irrationalen Intentionen sind oft Streit, Langeweile töten o.Ä. Ein Beispiel: Tim, ein Morgenmuffel, sitzt alleine mit einer Tasse Kaffee am Frühstückstisch. Er ist gerade aufgestanden. Just in diesem Augenblick kommt Julia, seine Freundin, gut gelaunt die Treppe herunter und sagt: »Guten Morgen!« Tims Antwort: »Ach Gott, wie bist du denn drauf, wohl schlecht geschlafen, wie?!«

Mir sind sogar Fälle bekannt, da fühlen sich Menschen durch Mitteilungen angegriffen, obwohl noch *nicht* einmal eine Du-Botschaft gesendet wird. Z.B. stellt eine Mutter im Beisein ihrer 24-jährigen Tochter in den Raum: »Letztens habe ich gelesen, dass man die Klappe des Ofens nach dem Gebrauch offen lassen soll.« Tochter (intuitive Rechtfertigung): »Ich habe sie nur zugemacht, weil es sonst ziemlich heiß geworden wäre!« Mutter: »Kind, ich sag's ja nur!« Tochter: »Ich auch.« Mutter: »Jetzt werd' ja nicht frech!« Welch Eigendynamik plötzlich aus Missverständnissen entstehen kann! Die Tochter fühlte sich bereits bei einem ungerichteten Kommentar der Mutter unbewusst in die Vergangenheit katapultiert, in der sie gewohnt war, angegriffen und beschuldigt zu werden. Die Mutter hatte höchstwahrscheinlich gerade einmal das nicht im Sinn. Aber es spielt keine Rolle, der Effekt auf ihr Kind ist derselbe. Natürlich ist der Mutter nicht bewusst, dass sie ihre Tochter bereits durch nicht beschuldigende Aussprüche in Wallung versetzen kann, weil sie früher sehr autoritär, schuldzuweisend und totalitär auftrat. Es wurde also in dieser Alltagssituation ein Streit angeregt, und zwar auf Grund von irrationalen Mustern. Diese Konflikte müssten sich nicht ergeben.

Schatz, die Ampel ist rot!

WATZLAWICK et al. (1969) unterscheiden zwischen digitaler und analoger Kommunikation. Die Erstere ist gekennzeichnet durch eindeutige Zeichengebung, die einer Unterscheidung von ja oder nein entspricht. Digital kommuniziert wird meist auf der Inhaltsebene, analog auf der Beziehungsebene; d.h., auf dieser ist die Mitteilung eher nonverbal und im übertragenen Sinne ausgedrückt. Sie kann daher für den Empfänger mehrdeutig sein. Bei irrationaler Kommunikation, z.B. beim Thematisieren des Beziehungsaspektes, fließen dann mehrere vernunftwidrige Faktoren mit ein, die Unklarheiten entstehen lassen.

WATZLAWICK et al. (1969, 81) benennen vier Themen möglicher Verhältnisse zwischen der Inhalts- und Beziehungsebene:

»1. Der Idealfall ist dann gegeben, wenn sich die Partner sowohl über den Inhalt ihrer Kommunikation wie auch über die Definition ihrer Beziehung einig sind.
2. Im schlechtesten Fall liegt der umgekehrte Sachverhalt vor, d.h., die Partner sind sich sowohl auf der Inhalts- als auch auf der Beziehungsebene uneinig.
3. Die Partner sind sich auf der Inhaltsstufe uneinig, doch diese Meinungsverschiedenheit beeinträchtigt ihre Beziehung nicht. Dies scheint uns als die menschlich reifste Form der Auseinandersetzung mit Unstimmigkeiten; die Partner sind sich sozusagen einig, uneins zu sein.
4. Die Partner sind sich auf der Inhaltsstufe einig, auf der Beziehungsstufe dagegen nicht. Dies bedeutet vor allem, dass bei Wegfallen des Einverständnisses auf der Inhaltsstufe die Tragfähigkeit der Beziehung ernsthaft gefährdet sein dürfte.«

Ein illustrierendes Beispiel für eine sich selbst widersprechende Kommunikation, d.h., das Ausgesprochene (digital) und Nonverbale (analog) ist in diesem Fall nicht vereinbar: ein Mann wird von seiner Ehefrau gefragt, ob er sie noch liebt. Sie glaubt zu wissen, dass seine Liebe zu ihr versiegt ist, hat ihn aber noch nicht darauf angesprochen. Er selbst ist sich tatsächlich seit einigen Monaten nicht mehr sicher. Sie spürt etwas (weibliche Intuition?). Er weicht, von ihr zur Rede gestellt, ihrem Blick aus und sagt mit verschränkten Armen: »Natürlich tue ich das.« Die sprachliche Botschaft widerspricht den unausgesprochenen Signalen seines Körpers (abgewendete Körperhaltung, Arme verschränkt). Das Ergebnis wird sich wahrscheinlich so darstellen, dass die Frau auch weiterhin misstrauisch bleibt, die Nachricht ihres Mannes wurde von ihr widersprüchlich empfangen.

Daher drängt sich eine angepasste, untermalende Körpersprache auf. Es gilt, unbedingt auf die eigene Mimik und Gestik bei der verbalen Kommunikation zu achten (vgl. auch Abschnitt 2.8).

Fazit: Du-Botschaften provozieren häufig die Abwehr unseres Gegenübers. Bleiben wir bei uns selbst, vermeiden wir lieber Sätze mit »Du«, außer wir teilen positive Gefühle mit. Achten wir in Alltagssituation *ganz genau* auf das, was wir und wie wir es sagen. Verweisen wir beim subjektiven Urteilen und Kritisieren immer darauf, dass nur *wir* so empfinden, auf keinem Fall »man« im Allgemeinen so empfindet. Das »Man« hat keine Bedeutung. Wir sind nicht »man«, sondern immer nur wir selbst.

Sinnvolles Kommunizieren in Zweierbeziehungen

> »Eine Ich-Botschaft ist eine Äußerung, die Sie beschreibt. Sie ist Ausdruck *Ihrer* Gefühle und Erfahrungen. Sie ist glaubwürdig, ehrlich und zuverlässig. Und da Ich-Botschaften nur die innere Realität wiedergeben, enthalten sie keine Wertungen, Urteile und Deutungen, die andere betreffen.« (ADAMS & LENZ 2001, 60f.)

Kommen wir zur sinnvollen Kommunikation. Die Humanistische Psychologie und Kommunikationstheorie geben nützliche Anregungen und bieten Vorschläge für den Alltag an, wobei ein Hauptanliegen ist, defensiv und intellektuell zu kommunizieren (vgl. RHODE, MEIS & BONGARTZ 2003).

Ein allgemeines Modell zur zielgerechten Kommunikation hat ROSENBERG (2001) in Anlehnung an humanistische Ansätze (z.B. ROGERS 1972/1999; GORDON 1993) entworfen. Sein Ansatz der *Gewaltfreien Kommunikation* (2001, 21) konstruiert sich aus vier Komponenten, die einen positiven zwischenmenschlichen Austausch intendieren:

1. *Beobachtungen* – damit meint ROSENBERG, dass wir in (Alltags-)Situationen *wirklich* darum bemüht sein sollen, zu erkennen, was gerade geschieht, d.h. wir sollen erfassen, was uns andere sagen wollen, was die Intentionen ihrer Handlungen sind. Diese Beobachtung dem anderen mitzuteilen, ohne darüber zu werten, ist eine Kunst (siehe auch ROGERS 1975). Wie oft geschieht es im Alltag, dass unreflektiert negativ kritisiert und der andere dabei angegriffen wird, etwa: »Igitt, wie kann einem *so was* schmecken? Das ist doch ungenießbar!« oder »Wie kann dir nur *dieser* Song gefallen, der ist doch nicht schön!« (Produktive Sprecherregeln werden weiter unten noch thematisiert.) Dass es sich bei dieser Kritik schlicht und einfach um unbewusste Übertragungen der eigenen Wertvorstellung auf den anderen handelt, brauche ich eigentlich nicht mehr zu erwähnen.

2. *Gefühle* – ROSENBERG knüpft an ROGERS an, wenn er empfiehlt, dass die eigenen Gefühle dem anderen mitgeteilt werden (sollen), damit dieser sich wiederum besser in mich einfühlen kann. (Z.B.: »Ich fühle mich verletzt, wenn du das und das sagst.« – »Du hast gestern das und das gemacht, darüber habe ich mich sehr gefreut.«)

3. *Bedürfnisse* – ein weiteres Stück Bewusstwerdungsarbeit ist es, wenn man die eigenen Bedürfnisse, die hinter Gefühlen stehen, ausfindig machen und mitteilen soll.

ROSENBERG nennt selbst ein Beispiel, das die Berücksichtigung aller drei bisherigen Komponenten ausdrückt. Eine Mutter, die sich daran stört, dass ihr Sohn seine Socken in der Wohnung herumliegen lässt, sagt optimalerweise: »Felix, ich ärgere mich, wenn ich zwei zusammengerollte Socken unter dem Kaffeetisch sehe und noch drei neben dem Fernseher, weil ich in den Räumen, die wir gemeinsam benutzen, mehr Ordnung brauche.« In diesem Satz sind vereinigt: Ich-Botschaft, subjektive Gefühle und Bedürfnisse (defensiv gesendet). So wird das Bedürfnis mitgeteilt, ohne dass der Sohn Abwehr aufbauen kann. Schlechterdings sagen mit Sicherheit nicht wenige Mütter: »Felix, du räumst nie auf, wenn du nicht [...], dann [...]. Immer bleibt alles an mir hängen!« Bei diesem Vorbild kann der Heranwachsende leicht ein gestörtes Kommunikationsverhalten erlernen, was für viele Konflikte im Erwachsenenalter verantwortlich sein wird.

4. *Bitten* – den anderen konkret um etwas zu bitten, was das Leben beider bereichert, das ist nach ROSENBERG (ebenda, 21) der vierte Aspekt der *Gewaltfreien Kommunikation*. Um das Beispiel mit der Mutter und ihrem Sohn wieder aufzugreifen: »Würdest du bitte deine Socken in dein Zimmer oder in die Waschmaschine tun?«

Demnach ist es möglich, durch Anwendung der vier Charakteristiken der *Gewaltfreien Kommunikation* die zwischenmenschlichen Beziehungen angenehm zu gestalten. Versuchen beide Partner, diese Vorgaben umzusetzen, dann kann bewusst, einfühlsam und konkret miteinander umgegangen werden. ROSENBERG (2001, 22) fasst sein Modell zusammen. Der Fokus liegt auf:

- Konkreten Handlungen, die wir beobachten können und die unser Wohlbefinden beeinträchtigen;
- wie wir uns *fühlen*, in Verbindung mit dem, was wir beobachten, ist sehr relevant;
- unseren Bedürfnissen, Werten, Wünschen usw., aus denen diese Gefühle bestehen;
- den konkreten Handlungen, um die wir *bitten* möchten, damit unser aller Leben reicher wird.

In der folgenden Tabelle sind Beispiele aufgeführt, wie in verschiedenen Situationen sinnvoll kommuniziert werden kann. Das Diktum der *Gewaltfreien Kommunikation* ist selbstverständlich jedes Mal dasselbe.

Situation	**Sinnvolle Mitteilung**
Ich komme gerade verärgert vom Job nach Hause und möchte meine Ruhe	»Hallo, Liebes, ich hatte heute Konflikte im Büro und habe mich sehr darüber geärgert. Ich möchte zunächst in Ruhe etwas darüber nachdenken. Bitte lass mir etwas Zeit. Wenn ich mit mir ins Reine gekommen bin, möchte ich gerne mit dir darüber reden. Ich habe das Gefühl, das bringt mir und dir am meisten.«

Situation	Sinnvolle Mitteilung
Mich stört die Eifersucht des Partners	»Schatz, ich war gestern sehr unglücklich und aufgebracht über deine Unterstellungen, ich würde es auf einen Seitensprung anlegen. Ich liebe *dich*. Ein Flirt mit einer anderen Frau zeigt mir, dass ich noch attraktiv bin, das ist mir wichtig, sonst bedeutet er mir nichts. Wenn ich von Zeit zu Zeit flirte, geht es mir besser – und somit auch dir. Ich werde glücklich sein, wenn du mir mehr Vertrauen erweist.«
Ich fühle mich bei der Haushaltsarbeit alleine gelassen	»Mir fällt derzeit die komplette Hausarbeit schwer, besonders die Tätigkeiten [...]. Ich wäre dir sehr dankbar, wenn du mir jeden Montag und Donnerstag [...]. Dann hätten wir mehr Zeit füreinander. Das würde mich freuen.

Versuchen wir unbedingt, die wahren Gefühle und Bedürfnisse des Gegenübers im Alltag zu erkennen, versetzen wir uns in ihn, das nennt man Einfühlungsvermögen. Üben und praktizieren wir dies unser Leben lang. Dazu ist es notwendig, dass wir aktiv zuhören (vgl. Abschnitt 2.6). Ein Tipp: Wir können die Aussagen unseres Partners verbal wiederholen, damit sich dieser konkreter ausdrückt. Auf diesem Weg werden wir mehr Gewissheit über die wahren Beweggründe erhalten. Umgekehrt sind wir auch dazu angehalten, sinnvoll zu kommunizieren, d.h., dass wir darauf achten können, was wir mitteilen und vor allem wie. Gefühle und Bedürfnisse sollten nicht verschwiegen werden, das macht unglücklich. Teilen wir uns per Ich-Botschaft unserem Lebensgefährten so mit, dass er sich nicht angegriffen fühlt.

Verhaltenstherapeutische Tipps zur Intensivierung der Zweierbeziehung

Um sich in den anderen einzufühlen, ihn besser zu verstehen und an seiner Gedankenwelt teilzuhaben, gibt es Methoden. Einige stammen aus der Verhaltenstherapie mit Paaren, andere aus der tiefenpsychologischen Paartherapie:

- HAHLWEG & SCHRÖDER (1993) schlagen vor, unter Miteinbezug eines vergangenheitszentrierten Interviews – Oral History Interview (OHI) (BUEHLMAN et al. 1992) – mit Paaren, die frühe Beziehungsgeschichte wieder ins Bewusstsein zu bringen. Das geht privat auch durch gemeinsame Abende, an denen etwas Nostalgie betrieben wird. Holen Sie von Zeit zu Zeit wieder Fotoalben heraus, alte Tagebücher, Videos usw., damit Ihnen wieder unmittelbar bewusst werden kann, was Sie beide verbindet.

- Die »Verwöhnungstage« – nach den Vorstellungen von STUART (1976) – finden einmal in der Woche statt. An diesem Tag, der frei gewählt werden darf, schenkt ein Partner seinem Pendant alle erwünschten »Verwöhner« (Formen der Zuneigung, positive

Gefühle, Massage, Kino, Kochen, Romantik usw.), und zwar unabhängig davon, *wie* dieser sich verhält.

- Fragen Sie Ihren Partner ab heute jeden Abend, was sein Hoch bzw. Tief des erlebten Tages war. Hochs sind lustvolle Situationen, Tiefs negative. »Was war heute dein Hoch?« Dadurch werden sich Paare bewusster wahrnehmen, was im Alltagsstress ansonsten oft untergeht.

- Weil Alltag und Gewohnheit die Beziehung nach und nach absterben lassen können, Langeweile und Beziehungslosigkeit kommen erschwerend hinzu, zählen bewusste Kommunikation und intimer Austausch am meisten. Mindestens einmal in der Woche ist daher ein »Zwiegespräch« (MOELLER 2000) ratsam. Der Zeitraum hierführ sollte 1,5 Stunden betragen. Zwiegespräche sind keine normale Beziehungskisten, in denen der eine dem anderen erzählen will, *wie* dieser wirklich ist und was er ändern muss, damit die Beziehung wieder in Schuss kommt. »Zwiegespräche dienen dem *Austausch von Selbstporträts*« (MOELLER 2000, 28), sind also subjektiver Natur. Nehmen wir uns Zeit für Zwiegespräche, in der Sie beide alleine und ungestört sind. Wenn Zwiegespräche durchgehalten werden, dann ergeben sich oftmals zahlreiche neue Einblicke in das Seelenleben. Unbewusstes wird bewusst, ferner Wünsche und Bedürfnisse, die im Alltag verdrängt wurden. Die Regelmäßigkeit der Zwiegespräche ist wichtig, dann geht der rote Faden nicht verloren, d.h. das gemeinsame Unbewusste. Schwierig durchzuhalten sind sicherlich die – auf den Sprecher bezogenen – Ich-Botschaften (siehe oben), denn gerade sie fallen uns so schwer. Bei *uns selbst zu bleiben*, uns mitzuteilen, das ist der Schlüssel zur sinnvollen Kommunikation. »Jeder spricht über das, was ihn bewegt: wie er sich, den anderen, die Beziehung und sein Leben sieht. Er bleibt also bei sich. Das Gespräch hat kein anderes Thema. Es ist offen. Reden und Zuhören sollten möglichst gleich verteilt sein. Schweigen und Schweigen lassen, wenn es sich ergibt. So sind ausgeschlossen: bohrende Fragen, Drängen, Kolonialisierungsversuche [Ratschläge, Eingriffe in die Meinung des anderen, Besserwissen]. Zwiegespräche sind kein Offenbarungszwang. Jeder entscheidet für sich, was und wie viel er sagen mag. Beide lernen durch Erfahrung, dass größtmögliche Offenheit am weitesten führt« (MOELLER 2000, 121). Je offener ich bin, desto freimütiger wird auch mein Partner sein, sodass wir uns immer intimer begegnen können. Und nicht selten erhalten wir Aufschluss über das Warum der wahren Antriebe eines leidvollen irrationalen Zusammenspiels: »Ich bin so und so, weil du so und so bist!« In Zwiegesprächen geht es also prinzipiell darum, *wie ich mich fühle*. Der positive Effekt wird nicht ausbleiben.

- Bezüglich des Verhältnisses von positiver und negativer Kommunikation stellen GOTTMAN & LEVENSON (2000) folgende Regel auf: das Verhältnis muss mindestens 5:1 betragen. Diese Hypothese ist ein Ergebnis von mehreren eigenen Studien. Ziel dieser Vorgehensweise ist, wie auch bei den anderen verhaltenstherapeutischen Angeboten: die Einleitung der positiven Reziprozität.

3.2.1 Von charakterlichen Unterschiedlichkeiten zehren

Wenn man in ein fernes Land reist, dann interessieren sich viele Menschen für dessen Kultur, Sprache, Gebräuche usw., denn das Andersartige ist reizvoll. Weicht der Partner nun von der eigenen Weltanschauung ab, dann können viele das nicht billigen. Daher versucht man, den anderen so zu verwandeln, »dass es passt«. Sicherheitsstreben ist eine andere Motivation, aber auch des Öfteren die Meinungen der Mitmenschen. Nun bedeutet Sicherheit auf der einen Seite Orientierung, auf der anderen verheißt sie schlechterdings Überdruss und Eintönigkeit. Darum bietet sich Toleranz an: ich kann den Partner nicht ändern. Die Alternative: »Wenn ich Glück habe, kann ich mich selber ändern. Dann allerdings ändert sich auch die Beziehung deutlich [positiv]« (MOELLER 2000, 43).

Wer sich von einem Menschen begeistern lässt, weil dieser unabhängig, unbändig, frei und selbstständig ist, der stört sich, wenn er mit diesem eine Partnerschaft erlebt, oftmals später hinaus genau an diesen Charakteristiken. Was einen früher anzog, das ist nach gewisser Zeit lästig. Daher werden allerlei Anstrengungen unternommen, den anderen in die Formen und Vorstellungen zu pressen, die einem selbst als normal vorkommen. Sollte dieses Unterfangen gelingen, ist man aber auch nicht glücklicher, denn die Partnerschaft stagniert, und Stagnation ist der Tod.

Leben ist Dynamik und Unsicherheit. Was ich damit sagen will ist: versuchen wir uns in den Partner hineinzuversetzen, wechseln wir den Standpunkt und lernen die Welt aus seiner Perspektive kennen. Und ich bin fest davon überzeugt, dass uns bei dem ein oder anderen Thema oder Phänomen neue wertvolle Erkenntnisse in den Schoß fallen. Verdammen wir also nicht vorab ein Hobby des Partners, probieren Sie es lieber selbst einmal aus. Dasselbe gilt für andere Steckenpferde seinerseits. Das alleine schon sorgt für notwendige Bewegung.

Verändern-Wollen ist Nacherziehung – also fehl am Platz

Den Mitmenschen einer Nacherziehung zu unterwerfen, ist nicht sehr förderlich für die Partnerschaftsqualität. Insbesondere Männer fühlen sich dabei oft unbewusst an die eigene Mutter erinnert, und nicht wenige Vertreter des männlichen Geschlechts haben zu ihr ein ambivalentes Verhältnis. Welcher männliche Teenager wollte nicht rebellieren und die Welt erobern?

Außerdem dürfen wir wissen, dass der menschliche Charakter, entgegen der gängigen Meinung, starr und unveränderbar ist, das belegen Langzeituntersuchungen (siehe BROCKERT 2000, 188). Die meisten Menschen bleiben ihr Leben lang dieselben. Das merkt man leicht daran, wenn man nach Jahren einen Jugendfreund wieder antrifft und nach einem kurzen Wortwechsel feststellt, dass er nach wie vor der ist, der er damals war. Ändern können wir uns zwar nicht, aber den Horizont erweitern, damit neue Handlungsalternativen entstehen.

An kleinen Macken stoßen wir uns fast alle, es geht eher darum, die Kritik bei uns zu behalten. Wenn unser Partner, tapsig und tollpatschig wie er ist, ein Getränk über den Fußboden verschüttet, dann handelt man oft aus dem Affekt, die Vernunft hat dann nichts zu melden: »Och, Mensch! Pass doch auf! Der Teppich war teuer!« Antwort: »Entschuldigung, das war doch keine Absicht!« – »Ach komm! Das passiert dir doch immer!« Affekte sind irrational und haben im Partnerschaftsalltag nichts zu melden. Außerdem geht es in diesem Beispiel um tote Dinge, die sind unwesentlich.

In einem Zwiegespräch (siehe auch MOELLER 2001) können Sie mal Dampf ablassen und das zur Sprache bringen, was Ihnen auf dem Herzen liegt. In geeigneter Atmosphäre, versteht sich. Das, was vielleicht in der Woche untergeht, kommt zum Vorschein. Das Zwiegespräch soll dann durchgeführt werden, wenn beide in Stimmung sind, abseits der Alltagsgeschichte. Im Austausch ist Kritik nach der *Gewaltfreien Kommunikation* (siehe oben) angebracht und unbedingt empfohlen. Aber erwarten wir nie, dass unser Partner seine Andersartigkeiten und Eigenarten ablegen wird, etwa durch Erziehung. Entweder er lässt sie von sich aus – oder nie.

3.2.2 Eifersucht schafft Distanz, Fremdbejahung macht anziehend

Wie oben erwähnt, neigen wir generell alle zur Eifersucht, einerseits wegen der Erbanlage, andererseits auf Grund der Folgen der kulturellen Erziehung. Ich habe noch keinen Menschen in meinen Kursen angetroffen, der nicht eifersüchtig war. Männer heizen sich dann am meisten auf, wenn ein einsamer, maskuliner und unbändiger Wolf das Jagdrevier kreuzt. Instrumentelle, d.h. typisch maskuline Männer (wir kennen sie alle aus den Medien), haben auf der Piste den größten Erfolg, weil Sie, sexuell gesehen, auf Frauen am attraktivsten wirken.

Frauen fühlen sich bedroht und reagieren mit süß-saurer Eifersucht, wenn Alpha-Weibchen Kontakt mit dem eigenen Partner aufnehmen. Alpha-Weibchen suggerieren mit ihren ausgeprägten sekundären Geschlechtsmerkmalen höchstes Fortpflanzungspotenzial (siehe z.B. Barbie-Typ). Und auch sie kennen wir alle aus den Medien und natürlich aus dem engsten Umfeld.

Ferner sind Menschen von Eifersucht bedroht, wenn Sie ein mangelhaftes Selbstwertgefühl haben, den Partner aus Angst vor Verlust oder Einsamkeit an sich ketten wollen. Unlautere Mittel hierzu sind Aggression und Gewalt. Ein anderes Phänomen gibt es erstaunlicherweise auch: manche treiben ihr Pendant mit unangemessener Eifersucht – »Gib's zu, du hast eine Affäre!« – überzeugend in eine äußerhäusliche Beziehung, *damit* sie in ihrer Minderwertigkeit bestätigt werden! Das muss man sich mal vorstellen! Mit Rationalität und Bewusstsein hat das natürlich nichts zu tun. Es handelt sich dabei um ein unbewusstes Selbststrafbedürfnis, sagen die Tiefenpsychologen, was in der Eltern-Kind-Beziehung grundgelegt wurde.

Auch zahlreiche Einzelkinder neigen manchmal zu übertriebener Eifersucht. Denn einige sind seit Geburt an gewohnt, im Mittelpunkt des Interesses zu stehen (Eltern, Großeltern usw.). Der brüderliche oder schwesterliche Konkurrenzkampf fehlt. Weil die Konstellation als kindlicher Solist auch im Erwachsenenalter auf gegenwärtige Situationen übertragen werden kann, reagieren viele, die als Kinder übermäßig umsorgt wurden, genauso erzürnt und bockig, wenn der Partner in fremden Gefilden flirtet – wie früher als Kind gegenüber den leiblichen Eltern. Sie wollen ihr Pendant nicht teilen, weil sie nie erfahren haben, dass man auch teilen kann.

Man kann es drehen und wenden, wie man will: Eifersucht muss in der Zweierbeziehung ausgeklammert werden. Und Neid sowieso. Diese antimoralischen Triebfedern sind keine Liebe. Wer sagt: »Ein gesundes Mittel von Eifersucht meines Partners zeigt mir doch, dass er mich liebt. Ich fände es schlecht, wenn er *überhaupt* nicht eifersüchtig wäre«, der will durch die (negative) Aufmerksamkeit lediglich erfahren, dass er wichtig und einzigartig ist, also sein Ich aufrichten, ergo ist Egoismus seine Triebfeder. Außerdem: was ist ein gesundes Maß an Eifersucht? Das ist doch immer abhängig von der subjektiven Definition.

Die oftmals nicht einfache Kunst ist gerade, die Eifersucht *nicht* dem anderen zu zeigen! Gerade das macht uns schon fast einzigartig und begehrenswert. Begehrenswert, weil die interessenlose Fremdbejahung im Allgemeinen so selten ist. Eifersüchtig sein ist keine Zierde, das kann jeder. Eigentlich weiß auch jeder von der mächtigen dunklen Eigenschaft, weshalb sollte man sie auch noch permanent zum Ausdruck bringen?

Es gibt einige Gründe, weshalb Eifersucht, verbunden mit Machtgehabe, Aggression, psychischer Gewalt usw. eingeschränkt werden muss. Denn: je mehr Eifersucht gezeigt wird …

- … desto weiter entfernt sich der Partner emotional,
- … desto mehr verheimlicht und lügt der Lebensgefährte, schließlich geht auch er den Weg des geringsten Widerstandes (nach dem Motto: was der andere nicht weiß, macht ihn nicht heiß – so entsteht aber ein Teufelskreis),
- … desto eher entsteht eine lustlose Sexualität (einerseits weil Konflikte in den sexuellen Bereich transferiert werden, andererseits weil zu viel Nähe die Liebe und den Sexus erstickt),
- … desto eher denkt der Partner, man vertraut ihm nicht (macht ihn traurig oder böse),
- … desto eher verliert man das Pendant,
- … desto eher rächt sich der Partner auf einem Terrain, wo Rache richtig effektiv ist, z.B. Seitensprung, Affäre usw.

Was kann man tun, wenn man häufig starke Eifersucht verspürt? Nützlich ist zunächst einmal, dass man herausfindet, woher sie kommt. Dies kann man gewöhnlich durch Reflexion über die kindlichen Erfahrungen erreichen. Ist es vielleicht Angst vor Verlust,

Angst vor Langeweile? Wer suchet, der findet. Aber es gibt noch mehr Vorgehensweisen. Tipps zur Bekämpfung der eigenen Eifersucht sind:

- Den Partner nicht permanent in den Mittelpunkt des Lebens stellen. Liebe braucht Freiheit (LAUSTER 2001),
- eigene soziale Netze errichten, separat Freundeskreise pflegen,
- eigene Hobbys ausüben – ohne den Partner (unterstützt die Selbstverwirklichung, was eine Voraussetzung für Lebenszufriedenheit ist),
- Selbsterkenntnis durch psychologische Ratgeber,
- selbst mit anders geschlechtlichen Individuen flirten (siehe unten).

Wenn wir unserem Pendant den Spaß auf der Piste oder wo auch immer gönnen, dann entsteht eine interessante Dynamik, neue Bewegung in der Bindung. Ja, auch Unsicherheit, aber sie hat nicht nur negative Aspekte. Zu Beginn einer Partnerschaft herrscht auch Ungewissheit, und zwar eine so große, dass die Partner sich dermaßen umeinander bemühen, als gehe es um alles. Warum nicht wieder anstrengen müssen? Je mehr Fremdbejahung Sie betreiben, desto stärker wird das Band. Natürlich schadet es nicht, selbst mit einigen Geschlechtsgenossen auf die Piste zu gehen. Danach kann man sich wieder zusammenfinden und hat Material zum Austauschen. Frei nach dem Motto: Appetit holen kann man sich, gegessen wird zu Hause.

Wer selbst nicht erwachsen, reif, stark und selbstständig ist, der kann auch oft nicht lieben. Starke und unabhängige Menschen sind fähig, Eifersucht zu akzeptieren, umzuleiten oder abzutöten. Sie zeigen dadurch ihrem Partner, *dass sie ihn lieben*. Man kann Eifersucht auch positiv mitteilen, indem man dem anderen bewusst macht, welch großen Schatten man überspringt, wenn man Dieses oder Jenes erlaubt. Etwa so: »Ich wünsche dir viel Spaß heute Abend, ich liebe dich. Und denk' dran, es gibt nicht viele, die dich frei lassen – wie ich!« Okay, das gilt aber nur für den Ausnahmefall.

Fazit: Dem Partner müssen wir immer Freiraum und Selbstbestimmung lassen, dann ist das erneute Aufeinandertreffen auch wieder etwas Besonderes. Weniger Eifersucht bedeutet mehr Partnerschaftsqualität!

3.2.3 Männer sind typisch Mann, Frauen typisch Frau – und das ist auch gut so

Ich habe bereits auf die stereotypen Unterschiede der Geschlechter hingewiesen, die sich ganz augenscheinlich im Alltag offenbaren. Männer haben im Allgemeinen ihre stereotyp maskulinen Hobbys und Gepflogenheiten, Frauen stereotyp feminine. Warum Differenzen zwischen Männern und Frauen existieren, liegt in der Erbanlage und/oder der Sozialisation. Aber egal wie man das findet, gut oder schlecht: die meisten geschlechtstypischen Verhaltensweisen sind automatisiert und unbewusst. Sie machen zu einem großen Teil die Persönlichkeit der Geschlechter aus. Es macht daher z.B. für Frauen keinen Sinn, Männer zu fragen: »Warum findest du Fußball gut?« oder »Was soll denn an Formel 1 so toll sein?« Es *ist* einfach so. Die Evolutionsbiologie könnte darauf hinweisen, dass vor zig

Tausend Jahren die Männer in der Gruppe Beutetiere jagten. Dass dieser Mechanismus noch existent ist und in Interesse an Fußball – wo es im übertragenen Sinn ähnlich zugeht – umschlagen kann, ist mehr als denkbar. Oder aber ein Junge spielt ab dem Kindesalter in einem Fußballverein – das prägt.

Frauen werden als Mädchen nach BILDEN (1991) im Großen und Ganzen im Haus erzogen (Jungs eher außerhalb sozialisiert). Daraus kann für Frauen im Erwachsenenalter möglicherweise resultieren, dass sie es gerne heimelig in ihrem Haushalt haben möchten, dekoriert mit Blumen usw. In der Tat haben viele Männer keinen »grünen Daumen«, sondern imponieren vorwiegend als Heimwerker. Auch dafür kann die Ursache in der Kindheit liegen, denn die Spielzeuge der Geschlechter sind geschlechtstypisch (BILDEN 1991). Jungs spielen eher mit Autos, Computer, Playmobil, Technikkästen, Lego; Mädchen wiederum mit Puppen, Kaufläden, Puppenhäusern, Stofftieren. Basteln ist auch eine stereotyp feminine Tätigkeit im Kindesalter. All diese typischen Erfahrungen prägen den Charakter und das zukünftige Leben in hohem Maß. Ein ganz populäres Phänomen ist, dass Frauen im Allgemeinen ein größeres Mitteilungs- und Sprechbedürfnis haben als Männer (GRAY 1998). Darüber darf in der Partnerschaft gesprochen werden. Handeln Sie Absprachen demnach aus.

Fazit: Geschlechtertypische Interessen, Eigenarten und Steckenpferde im Erwachsenenalter sind nicht Sache des Verstandes, sondern in der Tat von unbewussten, oftmals in der Kindheit verinnerlichten Erfahrungen determiniert.

Geschlechtsstereotype Bedürfnisse von Männern und Frauen berücksichtigen

Lassen wir Männer Männer und Frauen Frauen sein. Das Wichtigste ist die Toleranz. Etwaige Kritik ist sinnlos und führt möglicherweise nur zu Nonsens- und Pingpong-Gesprächen: »Du und dein Fußball!« – »Aber du und deine Blumen!« – »Aber du und [...]!« Sehr ermüdend und überflüssig. Ich kann nur auf die Vorzüge der Toleranz hinweisen. Sogar in der institutionellen Ehe-, Familien- und Lebensberatung wird an der gegenseitigen Fremdbejahung von geschlechtsspezifischen Bedürfnissen gearbeitet. Neuere Ansätze der verhaltensorientierten Paartherapie stammen von JACOBSON & CHRISTIANSEN (1996). Bei ihrem integrativen Vorgehen versuchen sie, die durch empirische Befunde gestützten unterschiedlichen geschlechtstypischen Bedürfnisse von Männern und Frauen, z.B. abweichende Auffassungen bezüglich intimer Nähe und Distanz, verbaler Austausch, in das Zentrum der Therapie zu rücken. Durch offene und sinnvolle Gespräche mit dem Paar sollen diese Unterschiede transparent gemacht werden, damit sie in der Partnerschaft auch erkannt, akzeptiert und ausgelebt werden können. In der Therapie wird angestrebt, den KlientInnen ein neuartiges Erleben von Akzeptanz und Toleranz nahe zu bringen, ferner wird die Umsetzung eines gesunden Verhältnisses von Nähe und Distanz ermöglicht, woraus erst individuelles, dann gemeinschaftliches Glücksgefühl erwachsen soll. Mit diesen Vermittlungen wird die Partnerschaft in den Prozess der positiven Reziprozität eingeführt (= positives Handeln).

Wenn wir eigene Anforderungen haben, die in die geschlechtsstereotypen Gewohnheiten des anderen eingreifen, dann ist eine Vorgehensweise nach dem Modell der *Gewaltfreien Kommunikation* angebracht: Beobachtung, Gefühle, Ich-Botschaft, Bedürfnis, Bitten, z.B.:

- »Schatz, ich denke, dass du diesen Samstag dein Auto wieder waschen willst. Ich würde mich freuen, wenn du mir vorher noch beim Einkaufen helfen würdest, denn ich schaffe es nicht alleine. Es beansprucht mich sehr. Wenn wir es zusammen machen würden, dann könnten wir uns gleich für zwei Wochen eindecken, dann hast du nächste Woche mehr Zeit und ich kann auch etwas Schönes tun.«

- »Ich würde mich freuen, wenn du heute nicht drei Stunden vor dem Computer sitzen würdest, denn ich möchte gerne mit dir noch etwas unternehmen, schließlich ist Wochenende und wir haben Zeit füreinander. Ich hätte Lust auf einen gemeinsamen Abend beim Italiener! Danach hättest du auch noch Zeit.«

Wichtig ist auch natürlich das *wirkliche* Bewusstsein um die eigenen geschlechtsstereotypen Wünsche und Bedürfnisse. Da schleicht sich leicht ein Gewinn bringender Humor mit ein, und Humor ist immer gut. Als Mann: »Du, Schatz, ich gehe jetzt mal wieder meinen Herden- und Jagdtrieben nach und treffe mich mit meinen Freunden im Clubhaus, um Fußball zu schauen. Du weißt, vor ein paar 10.000 Jahren hätten wir uns um ein Lagerfeuer gesetzt, aber heute gibt's ja Heizung.« Als Frau: »Du, ich weiß, du willst jetzt deine Ruhe haben und Zeitung lesen, ich muss mal kurz meine restlichen 4.000 Wörter loswerden, bisher waren es erst 2.000. Du weißt ja, ich habe ein angeborenes starkes Mitteilungsbedürfnis. Ich rufe mal Steffi an. Melde dich doch, wenn dir danach ist.« Seine eigenen geschlechtstypischen Eigenarten bewusst wahrzunehmen, insofern sie vorliegen, und dem anderen in witziger Weise mitzuteilen, hat seinen eigenen Reiz. Versuchen Sie es mal!

3.2.4 Langeweile ist der Tod – Selbstverwirklichung bedeutet Leben

Den Lebensgefährten für Langeweile in der Partnerschaft verantwortlich machen, das ist sehr leicht. Zu Beginn der Zweierbeziehung war das, wie erwähnt, anders. Liebe ist ein Erlebnis der Sinne, wir sind mit Haut und Haaren dabei, wie man sagt. Doch mit der Zeit stumpfen wir ab. Auch die Reizüberflutung des Alltags trägt dazu bei.

Der Film *American Beauty* mit Kevin SPACEY in der Hauptrolle eignet sich hervorragend als Beispiel für die Thematik. Spacey spielt Lester Burnam, einen Durchschnittsamerikaner mittleren Alters. Sein Bürojob ekelt ihn an. Nicht nur das, er fühlt sich seit langem leer, ausgebrannt, tot. Seine Frau, mit der er seit ewigen Zeiten nicht mehr schläft, hat ihn unter der Fuchtel und seine 16-jährige Tochter wirft ihm zurecht vor, dass sie keinerlei Beziehungspunkte hätten. Sein geradliniges, statisches Leben gerät vollends aus den Fugen, als er sich in die Freundin seiner Tochter verliebt. Ein Schalter legt sich um. Er will wieder leben, Leben spüren. Sehr zum Unmut seiner Frau und zum Erstaunen seiner Tochter kündigt er aus heiterem Himmel seinen hochbezahlten Job, um in einem Schnellrestaurant Burger zu wenden. Bereits vor Jahren hat er sich auf diese Art Geld fürs College verdient. Er besorgt sich Musikalben aus seiner Jugendzeit und kauft sich das Auto, das er immer schon wollte. Er fällt aus dem Rahmen. Daher erhebt sich die Leidenschaft wieder, was auch seine Frau zu spüren bekommt. Das Ende des Filmes ist für ihn unerfreulich, aber darum geht es gar nicht.

Was ich damit andeuten will ist: Laufen wir nicht Gefahr, dass unser Leben an uns vorüberzieht, ohne dass wir leben. Wir alle haben noch das Kind in uns, das wir einmal waren. Dieses Kind ist neugierig, spontan und hat äußerst sensible und feine Sinne.

Auf die Partnerschaft wird sich jegliche Veränderung einer Person natürlich auch auswirken, denn die Zweierbeziehung ist ein System, das sich modifiziert, sobald ein Rädchen anders läuft als bisher. Wer sich interessiert, der ist auch interessant. Und plötzlich sind die Gefühle wieder da, von denen wir glaubten, wir hätten sie nie gehabt. Trägheit ist die größte Gefahr im Leben, sagt CAMUS.

Tipps zur Selbstverwirklichung – die Sinne öffnen

Im Folgenden will ich einige Beispiele für Möglichkeiten der Selbstverwirklichung geben:

- Kurse an der Volkshochschule belegen, beispielsweise Kommunikation, Konfliktlösungsstrategien,
- tiefenpsychologische Ratgeber lesen,
- Tagebuch schreiben,
- Trekking Tour durch die USA oder Australien (per Anhalter),
- Literatur (z.B. Klassiker des 20. Jahrhunderts),
- Theater spielen,
- Malerei,
- Klassiker der Philosophie lesen,
- alleine in ein Café setzen und drei Stunden lang Menschen beobachten.

3.3 Außerhäusliches Flirten

In diesem Abschnitt werde ich wohl den größten Widerstand der LeserInnen entgegengebracht bekommen. Ich werde Ihnen nämlich eine Verhaltensweise in Beziehungen vorschlagen, die unserem Inneren generell vehement widerspricht: dem Partner das Flirten mit anderen zu erlauben bzw. zu empfehlen. Einerseits ist unsere allgemeine Überzeugung, dem Pendant gar keine oder wenige Flirts mit Dritten zu gönnen, durch Erziehung und andere Einflüsse geprägt, andererseits ist sexuelle Eifersucht angeboren (BUSS 2000). Trotzdem glaube ich, dass Sie, sofern Sie meinen weiteren Gedanken folgen und nicht das Buch vorschnell zuschlagen, auf dieselbe Plausibilität stoßen wie ich.

Die Eifersucht, auch bekannt als die »Leidenschaft, die mit Eifer sucht und Leiden schafft«, zeigt sich besonders dann, wenn der Gefährte alleine loszieht oder mit Bekannten eine Party besuchen will. Natürlich auch bei einem Rendezvous mit dem Ex-Partner gibt es einen Stich in die Magengrube des Eifersüchtigen. Viele Menschen können die Situation nicht aushalten, dass der Lebensgefährte alleine auf die Piste geht: »Ich traue dir schon, *aber* [...]«, heißt es dann. Sie wissen möglicherweise, dass in einem Aussagesatz mit dem Wort »aber« das, was vor dem »aber« steht, oftmals einfach gestrichen werden kann. »Ich bin ja nicht eifersüchtig, *aber* [...]!« Warum der Eifersucht ein Maulkorb angelegt werden sollte, habe ich oben, in Abschnitt 3.2.2, erläutert: Weniger ist mehr! Ich werde nun auf die Notwendigkeit des Flirtens mit Dritten hinweisen.

Ein Grundbedürfnis des Menschen ist *Lust*. Nach FREUD handelt jeder nach einem Prinzip, dem Lust-Prinzip. Nach diesem wird Lust maximiert, Unlust vermieden. Flirten gehört zum Lustbereich, und zwar aus vielen Gründen:

- Erhöhung des Selbstwertgefühls,
- es wird ausgetestet, ob man noch attraktiv ist,
- man pflegt sozialen Kontakt,
- das soziale Wesen bekommt seine Genugtuung,
- Dynamik entsteht,
- der Alltag tritt in den Hintergrund,
- Minderwertigkeitsgefühle werden kompensiert.

In einem Moment, in dem unser Partner flirtet, hat er uns nicht im Kopf, er genießt einfach den Flirt. Es geht ihm also gut. Denken wir kurz über uns selbst nach. Wir flirten doch auch gerne, nicht? Und wie oft hat man relevante Situationen dem anderen nicht erzählt, weil man annimmt, er wäre eifersüchtig. Wir gönnen uns beim Flirten oft mehr als dem Lebensgefährten.

Nachdem wir gelesen haben, wie negativ sich Eifersucht auf die Qualität der Bindung auswirken kann, ergibt sich in der Tat von selbst eine rationale und vernünftige Vorgehensweise, die den meisten von uns nicht leicht von der Hand gehen wird: Flirten mit Dritten gestatten. Dies ergibt sich aus folgendem Grund: verbieten wir nämlich dem Partner permanent das Flirten mit anderen, so fehlt ihm etwas im Leben. Flirten ist ein

Stück Lebensqualität, der Mensch ist ein soziales Wesen und auf zwischenmenschlichen Kontakt angewiesen, die (Flirt-)Kommunikation gehört dazu. Ich kann nie verlangen, dass mein Gegenstück nur auf mich fixiert ist. Das haut nicht hin.

Ein Gedanke, der eifersüchtigen Menschen durch den Kopf gehen mag, wenn das Pendant mit anderen flirtet, lautet etwa so: »Er oder sie flirtet mit anderen, und ich?« Auch Angst, dass der Partner jemanden kennen lernt, der besser zu ihm passt, steht oft im Raum. Zur ersten Aussage: mein Partner kann nichts dafür, wenn ich unfähig bin, mit mir alleine etwas anzufangen. Zum Argument der Angst: das »Risiko« ist immer gegeben. Durch Verbote aber dränge ich meinen Gefährten ja quasi ungewollt zum Ausbüchsen. Denn was verboten ist, das war nicht nur in der Pubertät oder Kindheit reizvoll. Sollte es des Weiteren so sein, dass sich einer von beiden in der Zweierbeziehung unterdrückt und unglücklich fühlt, dann gibt es oft nur einen Weg, einen Sektor, wo man es dem anderen richtig heimzahlen kann: per Seitensprung.

Vergessen sollten wir auch nie, dass, sobald der Partner vermeintlich mit anderen flirtet, bei vielen Menschen ein Ideal-Horrorszenario im Kopf abläuft. Die innersten Ängste und Schauergeschichten werden verbildlicht. Z.B. erzählt eine Ehefrau ihrem Mann, sie hätte in einer Disco einen Manuel mit südländischem Touch kennen gelernt, der Fußball spielt. Dann stellen sich die meisten Ehemänner sofort vor, wie dieser Manuel aussieht (wie anziehend), wie er gestikuliert und redet. Ein echter Casanova, Mr. Dingeling persönlich! Die Ängste bekommen stereotypen Gehalt. Natürlich sind es überwiegend Hirngespinste und Hokuspokus. Viele haben im Nachhinein lauthals gelacht, als sie gesehen haben, mit *wem* Ihr Partner da geflirtet hat. »Ach Gott, hätte ich das gewusst!«

Ich will es nur noch einmal wiederholen: Weniger Eifersucht ist mehr Positivität. Je mehr Leine wir unserem Partner lassen, desto einzigartiger werden wir. Denn im Durchschnitt praktizieren das wenige. Wir werden gerade durch unsere »Großzügigkeit« anziehend. Reden wir auch mit unserem Lebensgefährten über das Thema. Eruieren wir in Zwiegesprächen die blinde Leidenschaft, die uns angeboren ist und ferner durch unsere Haben- und Konsumgesellschaft verstärkt wird.

Das Dilemma beginnt schon oft mit dem Satz, mit dem man seinen neuen Lebensgefährten dem Freundeskreis vorstellt: »Tja, also das ist Nadine, *meine* neue Freundin!« Seien wir ehrlich zu uns und zu unserem Pendant. Eifersucht ist keine Schande. Machen Sie Eifersucht in einem offenen Gespräch bewusst und verbannen Sie auf jeden Fall den Irrtum, dass Zuneigung einer Person gegenüber bedeute, dass man legitimiert sei, eifersüchtig zu sein und Besitzansprüche anzumelden. Wer ängstlich und stark eifersüchtig ist, der wird den Partner nicht glücklich machen, sondern auf jeden Fall verlieren. Eifersüchtiges Machtgehabe bringt zwar zeitweise Sicherheit, tötet aber schlechterdings die Liebe. Flirten mit Dritten bringt Schwung in eine stagnierende Bindung, auch sexuelles Begehren flammt wieder auf. Auch Unsicherheit. Warum nicht? Wenn unser Pendant auf die Piste geht, wie wäre es dann mit: »Schatz, ich wünsche dir viel Spaß, ich hab' dich lieb! Ich gehe übrigens heute auch mit ein paar Freunden raus.«

3.4 Zusammenfassung

»Den ganzen Tag lang im Denken und Fühlen, mit Augen und Ohren tätig zu sein, um nicht innerlich träge zu werden, indem man sich rein rezeptiv verhält, Dinge hortet oder einfach seine Zeit totschlägt, das ist unerläßlich Voraussetzung für die Praxis der Kunst des Liebens.« (FROMM 1956/2001, 146)

Viele meinen, zu lieben sei ganz einfach, es müsse nur der richtige Partner gefunden werden. Was aber ist der *richtige* Partner? Oftmals gestaltet es sich doch so, dass wir uns nach einer gewissen Zeit an dem stören, *was uns bei der Partnerwahl angezogen hat.* Das Optimum ist also nicht so einfach zu definieren. Viele wollen dann den Schlussstrich ziehen, um sich lediglich wieder von einem Individuum begeistern zu lassen, das genau dieselben Charaktereigenschaften hat wie der Ex-Partner. Daher können wir zunächst die aktuelle Beziehung und die spezifischen Probleme fokussieren, auch deshalb, um auch uns selbst besser zu verstehen.

Wie wir ferner gesehen haben, sind Neid, Eifersucht sowie irrationale und gestörte Kommunikation für eine Zweierbeziehung sehr ungünstig. Wer um seine eigenen dunklen Antriebe nicht weiß oder sie verdrängt, der spürt sehr schnell Unbehagen, wenn die Schattenseiten der menschlichen Natur durch das Verhalten des Partners erweckt werden. Nicht selten werden Eifersucht und Neid dann in die Außenwelt entlassen, wo sie nur Unheil anrichten. Oftmals fragt man sich, auch wegen anderen Anlässen, ob das Pendant nun das richtige ist oder nicht. Außerdem bietet es sich schlechterdings an, den anderen dafür verantwortlich zu machen, wenn es nicht mehr so gut funktioniert wie am Anfang der Beziehung. Alsbald blickt man sich um. Vergleiche mit idealen Traummännern bzw. -frauen geben die Medien ja zu Genüge vor. Damit meine ich lediglich attraktive Menschen. Auch Freunde und Bekannte, die vom eigenen Pendant in den höchsten Tönen reden, bieten sich unserem Neid an, denn es wird oft der Eindruck erweckt, dass *sie den* Partner schlechthin ergattert haben. Dies ist ein permanenter Konfliktherd. Mit Unzufriedenheit im Schlepptau kann man sein ganzes Leben lang zweifeln – bis man tot ist. Es fällt uns generell oft schwer, langfristig mit etwas zufrieden zu sein, besonders mit dem, was wir gerade erleben. Wir neigen zum Abstumpfen. Daher fragen wir uns stets aufs Neue, ob es nicht *noch* besser ginge. Das liegt in unserer Natur und der kulturellen Haben-Erziehung begründet.

Für das Autofahren benötigt man einen Führerschein, für die Partnerschaft und Ehe keinen. Erstaunlich, blickt man auf die steigenden Scheidungsraten und überfüllten Ehe-, Familien- und Lebensberatungsstellen. Im Folgenden möchte ich einige wichtige Bedingungen für Partnerschaftsqualität nennen. Zusammengefasst lauten sie:

- *Partnerschaftliche Reife ist immer an individuelle Selbstentwicklung gekoppelt.* Wir dürfen nie denken, dass Langeweile und Lustlosigkeit in der Bindung nur darin begründet wären, weil der Partner nachgelassen hat. Dazu gehören immer zwei. Zu Beginn der Zweierbeziehung sind beide auf Wolke 7, die Sinne geöffnet, das Feuerwerk der Hormone im Kopf gezündet. Sogar der Alltag tritt in den Hintergrund, das Leben ist schön. Um die Gewöhnung später außen vor zu lassen, ist es ratsam, dass wir stets versuchen, aufmerksam im Alltag zu sein, die Sinne offen zu halten. Dazu bietet sich individuelle Selbstverwirklichung an, das lebenslange Reifen und die Entfaltung der natürlichen Anlagen. Was meine Anlagen sind, das finde ich dann heraus, wenn ich möglichst viel ausprobiere. Wenn ich selbst Entwicklung praktiziere und nicht stagniere, z.B. in Trägheit verfalle, dann wirkt sich dies ebenso positiv auf meinen Lebensgefährten aus. Ich animiere ihn. Ferner muss ich Zeit mit meinem Partner alleine bewusst verbringen. In dieser kann ich meine eigenen Erfahrungen, die mich in der Woche persönlich bereichert haben, dem anderen nahe bringen. Wer sich interessiert, der ist interessant. Und: wer die Seele nicht auf Trab hält, sucht sich vielleicht unbewusst irgendwann eine psychosomatische Krankheit als unerfreuliche Lösung. Die hält dann auf Trab, und das Pendant wird dummerweise auch davon betroffen sein.

- *Sinnvolles Kommunizieren und Streitverhalten lernen und üben.* Ich muss konkret und sachbezogen streiten. Wie erwähnt, funktioniert dies durch pointiertes und vernünftiges Argumentieren. Konkret bleiben. Die Vergangenheit nützt bei aktuellen Problemen im Allgemeinen wenig. Beispielsweise wird stets auf einen Ausspruch wie »Ja, aber vor drei Monaten hast du das und das gemacht!« wieder eine dementsprechende Antwort folgen – Nonsens-Kommunikation. Das, was zählt, ist das Hier und Jetzt. Die oben beschriebenen Mitteilungen nach dem Prinzip der *Gewaltfreien Kommunikation* stellen meines Erachtens optimale Grundlagen zur Steigerung der Partnerschaftsqualität und Kommunikationsfertigkeiten dar. Erziehen-Wollen ist, wie gesagt, keine Liebe, sondern Egoismus. Ich muss mir die Wurzeln eines solchen Antriebes bewusst machen, dann kann ich ihn auch ausschalten. Falls mein Pendant den Eindruck erweckt, dass er gerne erzogen wird – das kann wegen eines autoritären Verhältnisses zu den Eltern Fakt sein –, so darf ich ihn höchstens dazu ermutigen, dass er mehr Entscheidungen selbst fällt.

- *Eifersucht, Egoismus und Neid bewusst wahrnehmen und unterbinden.* Unsere dunklen Erregungen geben Anlass, sich mit ihnen näher zu beschäftigen. Sie können die Qualität von zwischenmenschlichen Beziehungen nachhaltig negativ beeinträchtigen. Weil diese Phänomene im Allgemeinen unbewusst walten und schalten, aber im Alltag oft von außen zu beobachten sind, schadet ein gewisser Grad an Aufmerksamkeit einem selbst gegenüber nie. Wer die dunklen Leidenschaften nicht auf den Partner projiziert und für sich selbst verarbeitet, der macht sich selbst zu etwas Besonderem, denn die meisten lassen diesen Affekten unreflektiert freien Lauf. Im Grunde wird der Partner es zu schätzen wissen, wenn wir unsere Schattenseiten in positive Verhaltensweisen umändern. Über diese nicht leichte Arbeit können wir auch in Zwiegesprächen berichten (MOELLER 2001).

- *Geschlechterstereotype Unterschiedlichkeiten tolerieren.* Männer sind im Allgemeinen typisch Mann, Frauen typisch Frau. Geschlechtstypische Denk- und Verhaltensweisen sind nicht einfach mal eben aus der Welt zu schaffen, denn einerseits sind sie angeboren, andererseits sozialisicrt. Bejahen wir die Unterschiedlichkeit und tolerieren sie. Auf diesem Weg bejahen wir unseren Partner gleich mit und kolonialisieren ihn nicht durch Kritik und Einflussnahme. Männer und Frauen können sich gegenseitig befruchten und neue Anregungen für die jeweils eigene Lebensphilosophie geben. Weil die Geschlechter oft in unterschiedlichen Welten wohnen, bietet es sich an, dem anderen seine eigene zu zeigen. Sind wir also offen für das andere Geschlecht und verurteilen nicht affektiv die Andersartigkeit. Dies kann uns möglicherweise den Horizont erweitern.

4. Vorteilhafte Kommunikation im Berufsalltag

Im Folgenden geht es um günstige und wertvolle Verhaltensweisen und Erfolg versprechende Kommunikationsmuster im Berufsleben. Bekanntlich auch die zweite Stütze des Lebens, die erste ist die Partnerschaft/Familie. Ich greife bei den Ausführungen einerseits auf meine eigenen Erfahrungen zurück: zwei Jahre bei einer seriösen Dienstleistungsinstitution, vier als Promoter im Hardselling-Bereich, und andererseits auf die Forschungsergebnisse der Sozialpsychologie, die zwischenmenschliche Prozesse im Berufsleben fokussieren. Aus beidem ergeben sich meiner Meinung nach praktische Vorgehensweisen im Job.

Das Berufsleben beginnt im Allgemeinen, egal in welcher Branche, mit einer *Bewerbung*, und über ein *Vorstellungsgespräch* oder dem damit verbundenen *Praktikum* kann der Berufsstart erfolgreich gestaltet werden. Vergessen wir nicht, dass in heutigen Zeiten die Situation auf dem Arbeitsmarkt so brisant ist wie schon lange nicht mehr. Erfolg oder Misslingen liegt natürlich zu einem großen Teil bei mir selbst. Ich kann mit Hilfe von Körpersprache, Eloquenz und stereotyper Maskulinität einiges erreichen. Denn auch im Berufsleben gelten selbstverständlich sowohl die angeborenen sexuell gefärbten (Flirt-) Mechanismen als auch empfundenes Wohlwollen oder Antipathie. Vielleicht nicht ganz so ersichtlich, aber dennoch vorhanden und mitentscheidend für die Qualität der zwischenmenschlichen Beziehungen. Denn: angeborene Reiz-Reaktions-Muster, Gefühle, Triebe und Unbewusstes im Allgemeinen sind in allen Wach- und Schlafzuständen existent: »Wir können unsere Gefühle [Emotionen und Leidenschaften] nicht einfrieren, so gern wir das manchmal auch möchten« (OCHMANN 2003, 99). Denken Sie etwa an die mediale Werbung, wo Frauen und Männer mit den Konsumenten flirten, um damit die Produkte besser verkaufen zu können. Ein anderes Beispiel wäre der Motorsport, bei dem ein gewisser Frauenanteil nicht wegzudenken ist. Genau nach diesem Prinzip – Flirtbereitschaft provoziert positive Reaktion – kann auch eine erfolgreiche Berufslaufbahn angegangen werden. Das Produkt, das wir verkaufen wollen, sind wir selbst.

4.1 Am Anfang steht die Bewerbung

Die Bewerbung ist ausschlaggebend beim Erstkontakt mit dem Arbeitgeber. Sie ist meine Visitenkarte und stellt meine Person im optimalen Fall weit gehend dar. Darüber hinaus bietet sich eine bewusste Vorgehensweise an, um in einem »besseren Licht« dazustehen. *Beschönigende Begriffe* benutzen die meisten, wir also auch.

Zunächst ist relevant, dass die Bewerbungsunterlagen den allgemeinen Anforderungen gerecht werden. In Schreibwarengeschäften sind derartige Akten erhältlich, etwa in Form einer mehrseitigen Mappe, in die die offiziellen Schreiben und Dokumente eingeheftet werden können. Ein lückenloser Lebenslauf ohne Makel wird ferner gerne gesehen. Sollten Sie »graue Zonen« aufweisen, so können Sie davon ausgehen, genau über diese ausgefragt zu werden: »Ja, was war denn nun in dieser Zeit, erzählen Sie mal.« Wir müssen bedenken, dass in einem späteren Vorstellungsgespräch der Arbeitgeber genau prüfen will, ob wir ein zuverlässiger Arbeitnehmer sind. Nicht selten sitzt auch in irgendeiner Ecke im Personalbüro ein Mitarbeiter, der sich zu unserer Person Notizen machen wird.

Das Bild ist das Nonplusultra

Das Porträtfoto, welches üblicherweise den Bewerbungsunterlagen beigefügt wird, sollte sorgfältig ausgewählt werden. Nicht umsonst wurden und werden Menschen irgendwo eingestellt, weil sie alleine durch das Erscheinungsbild überzeugten bzw. überzeugen. Umgekehrt gilt natürlich dasselbe. Innerhalb von Sekundenbruchteilen entsteht, wie wir wissen, Entgegenkommen, Desinteresse oder Abneigung beim Anblick unseres Porträtfotos. Wie auch sonst im Alltag, wenn es etwa um einen (Flirt-)Aufriss geht, ist das Erscheinungsbild das Erste, was unseren Gegenüber reizt – oder nicht. In Büros der Personalabteilung läuft es psychologisch gesehen genauso ab – Mensch bleibt Mensch. Leider existiert meines Wissens keine Untersuchung oder Statistik, aus der ersichtlich wäre, wie viele Menschen bereits *nur* wegen ihres Fotos aus dem Bewerberverfahren rausgeflogen sind.

Es gibt verschiedene Vorgehensweisen für unterschiedliche Berufssparten. In der Medienbranche und im Showbusiness zählen Schein und Äußeres im Allgemeinen viel mehr als Sein. Daher ist besonders in den Medien Ausstrahlung wichtig. Bei seriösen Unternehmen andererseits darf man gerne einen achtbaren und geschlechtsstereotypen Eindruck vermitteln. Ein paar Griffe in die Trickkiste sind unbedingt erwünscht. Stellen wir also verschiedene Passfotos her, einmal seriös, ein andermal mit einem Flirtsignal.

4.2 Vorstellungsgespräch

Ein Moderator eines bekannten TV-Musiksenders erzählte vor Monaten im Fernsehen, wie er den Job bekommen hatte. Demnach hatte er sich zunächst schriftlich beworben und wurde daraufhin zu einem Vorstellungsgespräch geladen. Nach eigenen Aussagen begann er seine Bemühungen mit den Worten: »Hallo, ich habe heute noch was vor, wollte hier nur mein Pflichtprogramm abspulen, den Job einsacken und dann gleich wieder los.« Ziemlich frech, nicht? Tja, Dreistigkeit siegt des Öfteren. Ich nehme an, dass er auch eine selbstsichere Körpersprache zeigte und überzeugend gesprochen hat. In diesem Berufszweig zählt die Darstellung der eigenen Person durch verbale und nichtsprachliche Kommunikation immens.

Verweilen wir kurz beim Mediengeschäft. Einblicke in die Arbeit von Produktionsfirmen, die Sendeformate für die privaten Sender herstellen, konnte ich erfreulicherweise einige Male bei Talkshows (als Gast) erhaschen. Was mir auffiel, war das Auftreten der MitarbeiterInnen im Hofstaat der ModeratorInnen: eloquent, scheinbar emotional belastbar, top gekleidet und gestylt, selbstbewusste Stimme, stereotyp maskulines Auftreten im Gesamten. Egal ob Mann oder Frau. Das darf jeder berücksichtigen, der sich im Showgeschäft o.Ä. etablieren will.

Aus psychologischer Perspektive finde ich die Casting-Shows im TV, die gerade allerorts »Superstars« suchen, sehr interessant. Sie wissen schon, welche ich meine. Im übertragenen Sinn finden dort auch Vorstellungssituationen, genauer gesagt, »Vorstellungsgesänge« statt. Die Jury achtet eigentlich immer auch auf die Körpersprache und Eloquenz sowie stereotype Maskulinität – das Verhalten betreffend. Aber nicht nur dort kommt stereotype Maskulinität gut an. Auch in der freien Industrie, z.B. als Banker, kann ich bereits bei der Bewerbung und später im persönlichen Talk einen stereotyp männlichen Eindruck machen. Das wird meistens verlangt.

Ich hatte vor sechs Jahren selbst das ein oder andere Vorstellungsgespräch. Bei den meisten bin ich sang- und klanglos untergegangen. Heute würde ich die Sache ganz anders angehen. Ich würde versuchen, genau wie beim Flirten oder Kommunizieren im Alltag überhaupt, bewusst zu agieren und aufmerksam zu sein, dabei den ein oder anderen psychologischen Handgriff anzubringen.

Das Outfit umsichtig auswählen

Das Vorstellungsgespräch ist oft eine Stresssituation. Ängste werden möglicherweise aktualisiert. Der erste Eindruck zählt schon beim Eintritt ins Personalbüro – *schon wieder*. Natürlich ist auch erneut relevant: Erscheinungsbild und Körpersprache.

Für Männer und Frauen gleichermaßen bietet sich vorab wieder ein Outfit an, das die eigene Geschlechtlichkeit betont. Um herauszufinden, auf welche Charakteristiken unser hoffentlich zukünftiger Arbeitgeber Wert legt, schadet es nie, wenn wir uns über das Unternehmen, die Firma etc. einige Informationen beschaffen. Über das Internet leicht zu erhalten. Was ist erwünscht, welches Profil passt theoretisch? Die Kleiderkombination sollte unbedingt der Firmenphilosophie angepasst sein. Ein seriöser Verein verlangt nach schätzenswerter Kleidung; Modebranche: mondäner Stil; Sporthersteller: enge sportive Kleidungsstücke, die die Geschlechtlichkeit akzentuieren. Von Extremen würde ich generell abraten.

Nach FORSYTHE et al. (1985) kommen Männer in eckiger Kleidung besser bei Personalchefs an, als wenn sie »runde«, weite Kleidung tragen. Das gilt auch für das Muster auf dem Anzug. Diese Männer wurden selbstbewusster und durchsetzungsfähiger eingestuft. Wer eine vorteilhafte Brille trägt, wird intelligenter eingeschätzt.

Rollenspiele und Fangfragen

Auch Abteilungsleiter und Personalchefs besuchen Fortbildungen, wo sie psychologisches Geschick erlernen sollen. Manche Einstellungstests etwa sind Folgen von solchen innerbetrieblichen Pflichtveranstaltungen. In Einstellungsverfahren werden daher nicht ohne Grund auch psychologische Merkmale des Bewerbers auf der Verhaltens- und Einstellungsebene erfasst. Weshalb? Man will erforschen, ob wir uns für diesen ausgeschriebenen Job, diese Firma eignen. Ob wir die Rolle, die uns zugeordnet wird, ausfüllen können. Was ist gefordert und auf was schauen die Firmen und Institutionen? Ein Interesse liegt bestimmt bei *diesen* stereotyp weiblichen Charakteristiken: Teamfähigkeit, Einfühlungsvermögen, mit Menschen umgehen können. Auch stereotyp maskuline Merkmale liegen gut im Trend, wie z.B. Egoismus, hartherzig wirkendes, cooles Auftreten, Mut, Strenge, Unnachgiebigkeit. Das bedeutet, dass wir uns im Vorstellungsgespräch am besten wandelbar wie ein Chamäleon geben. Lassen wir uns nicht auf das Eine oder Andere festlegen, sondern lieber auf das Sowohl-als-auch (= Androgynie). Bleiben wir aufmerksam und reaktionsschnell bei Fragen. Beim Betreten des Büros schütteln wir selbstverständlich Hände, die Frauen zuerst, und zwar mit einem festen und entschlossenen Händedruck. Gleich mal zeigen, dass wir mit dieser besonderen Situation umgehen können. Nachdem wir abwarten, bis wir zum Platz nehmen aufgefordert werden, setzen wir uns entspannt hin. Eine offene und gerade Körperhaltung bitte. Die Beine des männlichen Bewerbers leicht geöffnet, die der weiblichen Bewerberin übereinander geschlagen, eben geschlechtsstereotyp. Die Hände falten wir ineinander und legen sie in den Schoß. Der Blick darf aufmerksam und freundlich sein, ferner entspannt und erwartungsvoll. Das sind die Grundlagen!

Ich selbst wurde einmal bei einem Einstellungsverfahren einer Institution gebeten, bei einem Rollenspiel mitzumachen. Dabei bekamen zwei weitere Bewerber und ich den Auftrag, aus Pappmaterial irgendetwas zu basteln. Ich glaube, ein Podest zum Draufstellen. Ist ja auch egal. Die Aufgabe war selbstverständlich für die Mitarbeiter der Personalabteilung ein Experiment, wie wir uns in der Gruppe verhalten würden. Wer ist aktiv, wer passiv? Wer ergreift alsbald die Führungsrolle und verteilt die Aufgaben, wer übernimmt oder stellt sie gar in Frage? Auf ähnliche Rollenspiele sollten wir daher vorbereitet sein.

Nicht schlecht dürfte bei diesen Instrumentalität, Eloquenz und Aktivität ankommen. Trauen wir uns also etwas zu. Auf eine spontane und überzeugende Persönlichkeit kommt es an.

Bei einem Vorstellungsgespräch will, wie gesagt, der Personalchef ausloten, was wir so auf dem Kasten haben und vor allem was nicht. Das kommt auch immer auf die ausgeschriebene Stelle an. Beschäftigen wir uns also mit den bei der Ausschreibung verwendeten Anforderungsprofilen, und an diesen orientieren wir unsere Argumentation und das Auftreten, warum wir das Gefühl haben, in diese oder jene Firma zu passen. Natürlich wirken wir mehr oder weniger maskulin, je nachdem um was für eine Stelle es sich handelt.

Doch den »Aufschlag« zum Talk hat die andere Seite. Der Personalchef wird auch offene Fragen stellen, wir sollen uns offenbaren. Dabei wird unbewusst geachtet auf: Eloquenz, Stimmlage, Körperhaltung, Dauer des Blickkontakts. Ich kann wieder auf die Unpässlichkeit von Extremen verweisen. Wenn wir unser Gegenüber etwa mit einem starren Blick dermaßen ernst fixieren, ohne einmal abzubrechen, wirken wir herausfordernd und bedrohlich – wie übrigens auch in jeder anderen Alltagssituation. Auf der anderen Seite wird eine Vermeidung jeglichen Blickkontakts als Schüchternheit gewertet. Sehr schlecht. Im Medienbusiness z.B. sind wir dann gleich mal wieder vor der Tür.

Eine Fangfrage, die gerne gestellt wird, lautet: »Was sind denn Ihre persönlichen Stärken und – Schwächen? Erzählen Sie doch mal.« Sehr gerissen. Was sagen wir? Wenn wir verlauten lassen, dass wir keinerlei Schwächen hätten, glaubt uns das keiner. Klingt außerdem *kaum* überheblich. Und keine Stärken? Gut, ich denke, das wird niemand vom Stapel lassen. Was halten Sie von dieser Antwort: »Stärken und Schwächen, hm. Sehen Sie, ich habe, so denke ich, einige Stärken, die ich manchmal als Schwächen definiere. Z.B. bin ich ein absoluter Perfektionist. Das regt mich manchmal auf, weil ich *erst* Ruhe gebe, wenn eine Sache so läuft, wie ich es für richtig halte. Stellen Sie sich mal vor, was meine Frau erst dazu meint, haha.« Den Schluss mit der Ehegattin können wir auch weglassen, es sei denn, es herrscht eine nette Atmosphäre vor. Ein bisschen Humor schadet nicht, macht uns menschlich. Wichtig ist aber auf jeden Fall, dass wir trotz allerhand Höflichkeiten und Heiterkeit nie vergessen, dass es sich hinter der Maskerade, Freundlichkeit und dem Karneval dennoch um eine ernste Situation handelt. Außerdem geht es um einen wichtigen Faktor in unserem Leben: den ausgeübten Beruf. Sind wir daher auf Spielchen und Fußangeln seitens des Arbeitgebers gefasst. Aufmerksam sein!

Eine andere Fangfrage ist diese: »Stellen Sie sich vor, Sie bekommen 10 Minuten vor Feierabend noch eine wichtige Sache auf den Tisch, die mindestens noch zwei Stündchen in Anspruch nehmen wird, was machen Sie?« Natürlich sagen wir nicht: »Ach Gott, das hat doch Zeit bis zum nächsten Tag, ich gehe die Sache frisch, fromm, fröhlich, frei am nächsten Morgen an!«, sondern: »Hm. Eine wichtige Sache kann nicht auf sich warten lassen. Ich würde meine Frau anrufen und meine verspätete Heimkehr ankündigen. Und dann ran! Dafür könnte man ja einfach an einem Freitag zwei Stunden abfeiern, nicht?«

Persönliche Hobbys werden auch gerne vom Personalleiter in Erfahrung gebracht, sagen sie doch viel über den Charakter eines Menschen aus. *Diese* Hobbys würde ich nicht laut aussprechen, weil sie höchstwahrscheinlich unkalkulierte Krankheits- und damit Ausfallzeiten verheißen, die für unseren Arbeitgeber ein rotes Tuch sind: Fußball, Bungeejumping, Handball, Basketball, Eishockey, Turnen, Klettern, Inlinern usw. Außerdem würde ich nie sagen, ich beschäftige mich leidenschaftlich mit Psychologie, besonders Arbeitspsychologie, und Philosophie. Nicht selten will man einen funktionierenden Mitarbeiter und keinen Quer- oder Freidenker in der Firma. Stattdessen sagen wir: Jogging, Kino, Lesen. Unzweifelhaft schlecht wäre auch die Aussage: »Ach ja, und am Wochenende, da ziehe ich mal so richtig gerne vom Leder ab, am liebsten von Freitag bis Sonntag durchgehend.« So viel zu Fangfragen. Die empfohlenen Antworten sollten jedoch nicht wie aus der Pistole geschossen kommen, sonst fallen wir auf. Ist klar.

Chefs sehen sich im Übrigen gerne selbst im Bewerber wieder: »Ach, so war ich damals auch, jung, dynamisch, hungrig.« Vorwissen beispielsweise über die Produkte, die die Firma herstellt, sind besonders vorteilhaft. Wer etwa bei einem Autounternehmen mit Kenntnissen über PKW glänzen kann, der soll dies tun. Dasselbe gilt für andere Branchen.

4.3 Im Berufsalltag

Als Berufseinsteiger sind wir zunächst einmal darauf angewiesen, sehr aufmerksam zu sein. Wir betreten Neuland, ein völlig eigenes System mit Menschen. Manche Institutionen sind autark, haben eigene Strukturen, sind quasi ein Staat im Staat, z.B. die Bundeswehr, Ämter, Gerichte, Krankenhäuser usw. Schauen wir uns also zunächst etwas um.

Wer in einer Institution mit Kundenkontakt arbeitet, hat die Pflicht, durch sein Auftreten, seine Kleidung und Körpersprache, seine Firma zu vertreten. Das erwarten die Vorgesetzten auch. Fallen wir also nicht aus dem Rahmen.

Es wird mit Sicherheit in jedem Unternehmen auch so sein, dass irgendjemand uns nicht leiden kann, und zwar seit Beginn unseres Arbeitverhältnisses. Vergessen wir einerseits nie die menschlichen Schattenseiten Egoismus, Eifersucht und Neid, von denen kein Mensch völlig frei ist; andererseits kann Antipathie dadurch entstehen, dass wir unser Gegenüber, das uns nicht gut gesinnt ist, möglicherweise unbewusst an eine Person erinnern, die ihm nicht gut gesinnt war. Vielleicht durch unser Erscheinungsbild, unsere offene, freundliche Art – oder was auch immer. Was soll's.

Vorträge und Meetings halten

Wer in einem Meeting oder an einer Veranstaltung seines Arbeitgebers einen Vortrag halten oder Bericht erstatten muss, sieht sich oftmals einer Situation gegenüber, die Konsequenzen für seine weitere Laufbahn haben kann. Wie auch auf der Piste, fällt unglaublich schnell das Urteil über unsere Person. Fühlen wir uns unsicher, dann zeigt sich das in einer bedenklichen und nachteiligen Körpersprache. Vor allem aber in einer zittrigen Stimme, die kein Volumen hat. Innerhalb der ersten beiden Minuten wird vom Inhalt unseres Vortrags sehr wenig in den Köpfen der Zuhörer hängen bleiben, denn die Aufmerksamkeit gilt generell unserer Person und wie wir uns anstellen. Daher achten wir auf die Stimme und holen tief Luft in den Pausen (siehe auch GERHOLD 2003). Beim Vortrag an sich lohnt es sich, des Öfteren die Anwesenden jeweils einzeln kurz anzuschauen. Wir können zu Beginn auch einen einzigen Punkt im Raum fixieren, sollten dann aber lebhafter werden. Wichtig ist auch ein bisschen Dynamik in der Körpersprache. Diese kann man durch eine wache Mimik und frische Gestik suggerieren, die das Gesagte begleiten. Als Vorlage würde ich Bundestagsreden im TV empfehlen. Politiker müssen an den Fernsehbildschirmen Millionen Menschen überzeugen können. Wer als Staatsmann eine unangepasste Körpersprache zeigen würde, der könnte sich gleich einen neuen Job suchen. Orientieren wir uns außerdem allgemein an Menschen, die im Rampenlicht stehen, wie sie reden, gestikulieren und ihr Umfeld überzeugen.

4.4 Kundengespräche

Flirten wir immer mit den Kunden, das gehört zu einer sinnvollen Kommunikation. Mein Gegenüber wird umso lieber mein Produkt kaufen, wenn er Sympathie gegenüber meiner Person empfindet. Und wie Zuneigung entsteht, das haben wir in den Abschnitten 2 und 3 ausführlich behandelt. Für zusagendes Auftreten im Kundenverkehr ist eine vorteilhafte Gemütsverfassung sehr Gewinn bringend.

Hat der Kunde ein Problem, so hören wir ihm aktiv zu, lassen ihn ausreden. Sehr wichtig. Das aktive Zuhören hat den Vorteil, dass sich unser Gegenüber verstanden fühlt. Ähnlich wie auch bei anderen zwischenmenschlichen Beziehungen, wollen Menschen wahr- und ernstgenommen werden. Schneiden wir unserem Gesprächspartner abrupt das Wort ab, dann wird er rasch böse. Versuchen wir auch, die wahren Gefühle und Bedürfnisse unseres Gegenübers zu verstehen, dann können wir ihm auch helfen, sich sinnvoll mitzuteilen. Was sich anbietet, ist daher die psychologische Vorgehensweise, dass wir das Ausgesprochene einfach einmal laut wiederholen. Den Effekt wird man nicht missen. Wenn das Gegenüber ein Problem mit unserem Produkt hatte, dann können wir einen ähnlichen Fall schildern, bei dem es uns analog wie ihm ergangen ist. Dann kann er sich mit uns identifizieren. Weil gemeinsames Schicksal verbindet, kann Sympathie gegenüber unserer Person entstehen. Dann wird der Kunde im Allgemeinen zugänglicher für Kritik oder Anmerkungen, die seinen Meinungen widersprechen. Ein Beispiel: Ein Geschäftsmann ruft an. Sein Wagen, den er bei uns gekauft hat, hatte eine Panne, er ist zu spät zu einem wichtigen Termin gekommen. Er gibt unserem Wagen die Schuld.

Zunächst hören wir uns den Fall an. Sollte unser Gegenüber sehr verärgert sein, dann zeigen wir zunächst die drei Beratervariablen nach ROGERS (1972/1999) auf. Wir verhalten uns also:

- *akzeptierend* (»Aha, sie hatten also das Gefühl, es wäre etwas mit dem Auto?«),
- *einfühlsam* (»Ja, ich verstehe Sie. Da haben Sie sich ziemlich geärgert, nehme ich an?«),
- *echt* (anteilnehmende Mimik und Gestik, zugeneigte offene Körperhaltung, keine Häme in der Mimik!).

Dadurch wird er sich öffnen und abreagieren. Wenn der Affekt erst einmal abgekühlt ist, dann ist Platz für sinnvolle Kommunikation. Sachlich, fachlich. Nach dem Modell der *Gewaltfreien Kommunikation* (vgl. oben) kann man auch im Berufsalltag erfolgreich sein.

Kommunikation am Telefon

Nach HASENKAMP (2001) bietet das Telefongespräch ganz besondere Vorteile. Einerseits spielt der eigene Habitus keine Rolle. Mein Gesprächspartner hat nur die Möglichkeit, meine Stimme wahrzunehmen. Erscheinungsbild, Körpersprache und Sonstiges sind ausgeblendet. Andererseits kann ich meine Stimme einsetzen bzw. muss es tun. Die

Stimme und der Grad der Eloquenz sind wichtig. Um das Bestmögliche aus seinem Sprachrohr auszuschöpfen, empfiehlt HASENKAMP zunächst eine entspannte Körperhaltung. Sitzen Sie ferner aufrecht und sorgen Sie dafür, dass das Kinn nicht zu nahe am Hals anliegt. Wenn der Kehlkopf zusammengedrückt wird, wirkt sich dies nachteilig auf die Stimme aus. Beim Telefonieren können wir darauf achten, dass wir einen netten Gesichtsausdruck wahren, Lächeln ist angesagt. Der Grund: unsere Stimme überträgt den anregenden Gesichtausdruck. Wir klingen somit auch gut gelaunt. Stecken wir dadurch unseren Gesprächspartner an! Männer können ihrem Geschlecht gemäß stereotyp männlich sprechen. Wir Männer arbeiten also an einer voluminösen, tiefen, basshaltigen Stimme. Orientieren wir uns an Radiomoderatoren. Insbesondere auf unsere Gesprächsteilnehmerinnen hat eine solche Stimme immensen Effekt. Auch Frauen beeindrucken durch stereotype Merkmale: sprechen Sie, wenn Sie eine Frau sind, klar, pointiert und laut, damit Selbstsicherheit vermittelt wird.

Und wieder helfen die Beratervariablen nach ROGERS (1972/1999) – Akzeptanz, Kongruenz, Empathie – unserem Gegenüber, dass es sich bei der Kommunikation öffnet.

4.5 Kommunikation mit Mitarbeitern

Ich selbst bin ein großer Feind des Siezens. Der Sinn des emotionalen Abstandes, was ja damit impliziert ist, liegt für Institutionen der freien Industrie beispielsweise im Aufrechterhalten der Rang- und Hackordnung. Außerdem gelten Kameradschaften und Techtelmechtel, die durch das Duzen entstehen könnten, als zu emotional und bremsend für die Produktivität der Arbeitnehmer. Dem ist natürlich nicht so, aber meine persönliche Meinung tut in diesem Rahmen nichts zur Sache. Ich beschreibe lediglich die Situation.

Wer sich als Berufseinsteiger gleich einmal aus Lust und Laune heraus seinen Kollegen emotional annähert, weil er die Welt noch rosarot sieht, der bietet gleich Angriffsfläche für die Alteingesessenen. Das gehört sich nicht, man ist doch schließlich »auf der Arbeit«. Ich spreche aus Erfahrung. Natürlich wird das Du und Sie in verschiedenen Berufssparten unterschiedlich gehandhabt. Ich beziehe mich im vorliegenden Rahmen auf Bürojobs. Also, an alle Berufsanfänger: man kann sich viele ungewollte persönliche Dates mit dem Personalchef ersparen, wenn man zunächst nahtlos an die Philosophie der Firma anknüpft.

Generell empfehle ich unbedingt die Kommunikation nach dem Prinzip der *Gewaltfreien Kommunikation* nach ROSENBERG (2001). Sollten wir Kritik an unseren Kollegen üben, dann doch bitte mit Ich-Botschaften – und schön defensiv bleiben.

Natürlich gibt es in nahezu jedem System wie auch am Arbeitsplatz Klassengesellschaften. Verschiedene Gruppen bleiben gerne unter sich, was u.a. bei Betriebsfesten oder gar Mittagspausen zum Tragen kommt. Abteilungsleiter bilden Grüppchen, Ingenieure, Arbeiter, Chefs usw. Klassenunterschiede sind auch im Alltag ganz leicht zu beobachten. Haben wir einen Termin beim Arzt, so können wir beispielsweise als Privatversicherte auf kürzere Wartezeiten hoffen, dafür ergeben sich auch Behandlungen, die wir vielleicht nicht brauchen. Dafür geben finanzielle Interessen des Arztes den Ausschlag. Dieses Beispiel nur nebenbei.

Was ich damit sagen will ist, dass in fast jeder Institution inoffizielle Gruppen ihr eigenes Süppchen kochen, wie man sagt. Natürlich muss jeder selbst entscheiden, ob er bei dem üblichen Karneval mitspielt oder nicht, aber eine Konsequenz bei Nichtachtung der internen Gesetze können ungeplante Termine beim Chef sein.

Halten wir ferner im Berufsalltag zunächst emotionalen Abstand, indem wir solange beim »Sie« bleiben, bis uns ein »Du« angeboten wird. Denn dann können wir selbst entscheiden, ob wir den lockeren und legeren Kontakt mit diesem Kollegen haben wollen. Natürlich werden wir jeden Tag aufs Neue belehrt werden, dass einige von denjenigen, die auf gut Freund machten, uns bei einer passenden Gelegenheit in die Pfanne hauen. Daher ist die alltägliche Aufmerksamkeit unumgänglich, wenn wir uns so schadlos wie möglich halten wollen. Mit der Zeit finden wir heraus, wem wir wirklich vertrauen können. Lassen wir also zunächst die Eindrücke auf uns wirken. So können wir auch feststellen, wie das System funktioniert und in welchen Bereichen geheime Seilschaften existieren.

Ferner schadet es in heutigen Zeiten von inhumanen Arbeitsbedingungen nie, dass wir so viel positive Energie wie möglich unserem Umfeld zu geben versuchen. In der Hast des Berufsalltags gehen die Menschlichkeiten meistens total verloren. Daher sind wir bemüht, unser Umfeld von Zeit zu Zeit durch ein Lächeln und positives Feedback zu beglücken. Sie wissen, was bereits ein positiver Reiz bewirken kann. Stellen wir uns folgende Situation vor: wir haben Mittagspause. Jetzt aber so schnell wie möglich raus aus dem Betrieb und ab in die Stadt. Mal was anderes sehen. Wir grübeln in uns hinein, nehmen die Umwelt auf dem Weg zum Schnellimbiss nicht mehr wahr. Als wir jedoch einmal kurz hochschauen, lächelt uns ein reizender Mensch direkt ins Gesicht. Was passiert? Unsere negativen Stimmungen und Sorgen sind wie weggeblasen. Vergessen wir nie, wie viel Macht ein nettes Wort oder eine zusagende Geste hat.

Um allgemein Missverständnisse zu vermeiden, zeigen wir bei Gesprächen mit Mitarbeitern die drei Variablen nach ROGERS (1972/1999) auf: Empathie, Kongruenz und Toleranz. Im Gegenzug kommunizieren wir sinnvoll, natürlich nicht mit Du-, sondern mit Ich-Botschaften (vgl. auch ETRILLARD 2003).

4.6 Gespräche mit Vorgesetzten

Viele Chefs und Abteilungsleiter sowie Mitarbeiter der mittleren und höheren Führungsebene bekommen auf ihren Weiterbildungen eingetrichtert, dass Sie in Diskussionen mit »Untergebenen« alles dürfen, nur nicht eins: das Gesicht verlieren! Wo kämen wir denn hin, wenn ein kleiner Mitarbeiter den Oberen Paroli bieten würde? Wie oben erwähnt, die Rang- und Hackordnung ist in vielen Institutionen gang und gäbe. Und das soll auch weiterhin so bleiben.

Was bedeutet das für uns? Selbstverständlich heißt es nicht, dass wir uns alles bieten lassen müssen, außerdem gibt es ja zum Glück noch den Betriebsrat, wenn es gar zu bunt getrieben wird. Wir haben es, einfach gesagt, leichter, wenn wir uns nicht mit unserem höheren Umfeld anlegen. Das meine ich auch in psychologischer Hinsicht. Manch ein Abteilungsleiter hat kommunikativ wenig bis gar nichts auf dem Kasten, und man fragt sich, wie er denn diesen Posten bekommen hat (Seilschaften?). Da bekommen wir dann und wann mal unterstellt: »Sie haben«, »Sie haben nicht«. Auf einen unberechtigten Vorwurf, der z.B. mit »und das ist die Wahrheit« endet, könnte man mit Sokrates fragen: »Achja, soso, was ist denn Wahrheit?« – und schon träte Schweigen ein oder weitere irrationale Kommunikationsfetzen würden auf uns hernieder gehen. Ich rate dringend von derartigen Spielchen ab, denn wenn wir einmal auf diese Art gewinnen, so wird er es uns heimzahlen, und zwar doppelt so hart. Rache ist süß. Zeigen wir also lieber die drei Beratervariablen nach ROGERS und helfen ihm, sich richtig auszudrücken. Dann finden wir auch heraus, was er wirklich von uns will und wo sein Problem liegt.

Es gibt noch einen weiteren Grund, wieso wir nicht am oberflächlichen Glanz eines Vorgesetzten kratzen sollten. Sehen Sie, manch einer der Oberen hat außer seiner hohen Stellung im Beruf nicht viel, auf was er stolz sein kann. Einige Menschen, die im Beruf maskulin und machtbesessen auftreten, ordnen sich nicht selten einem ebensolchen Partner in einer Zweierbeziehung unter. Von einem Extrem ins andere. Wir wissen ja, der Mensch steckt voller Gegensätze. Ein Mensch hat nie nur Verhaltensweisen, die etwa auf Einseitigkeit verweisen würden. Aber ich schweife ab. Vergessen wir nicht, dass das weit verbreitete Minderwertigkeitsgefühl des modernen Menschen der westlichen Kultur der Antrieb für Höchstleistungen – auch im Berufsleben – ist (ADLER 1920/1965).[22] Daher wird ein Abteilungsleiter, dem wir die Grenzen *seiner* Kompetenzen und *unsere* Fertigkeiten präsentieren – auch vielleicht noch vor Augen der gesamten Abteilung (Was sollen da die Leute denken?) – uns den stärksten Widerstand und eine ebensolche Abwehr entgegensetzen. Verliert er nämlich seine Autorität, verliert er oft *alles*. Unterlassen wir dergleichen lieber. Vielmehr gilt es also, auf dem positiven Weg zu agieren. Zeigen wir nie öffentlich, dass wir kompetenter sind als unser unmittelbarer Vorgesetzter. Um herauszu-

22 Wer die Argumentation über weit verbreitete Minderwertigkeitsgefühle bezweifelt, darf gerne einmal an einem belebten öffentlichen Platz ungerichtet laut lachen. Die meisten Menschen werden denken, Sie lachen über sie, werden Ihre Verhaltensweise direkt auf sich beziehen und irgendetwas an sich suchen, was den Ausschlag dafür gibt – obwohl Sie niemanden *direkt* anschauen.

finden, ob uns das Gegenüber wirklich freundlich oder feindlich gesinnt ist, können wir unter vier Augen ein Gespräch führen und ihn fragen, wie er zu unserer Person steht. Das Präsentieren der drei Beratervariablen nach ROGERS (1972/1999) wird seinen Zweck auch bei Vorgesetzten nicht verfehlen. Diese können sich dadurch besser mitteilen und wir sie besser verstehen. Durch Interpretation ihrer Mimik und Gestik können wir feststellen, ob er oder sie die Wahrheit sagt oder nicht. Auf diesem Weg umgehen wir Unstimmigkeiten in der Interaktion.

4.7 Zusammenfassung

Auch im Berufsleben wirkt sich verbale und nonverbale Kommunikation sehr stark aus. Wie auch bei der Partnersuche oder in der Zweierbeziehung, so kann ich durch selbstbewusstes Auftreten erfolgreich sein. Gewissenhaft und bewusst zu kommunizieren, die Menschen tolerieren und nicht allzu ernst zu nehmen (besonders dann, wenn sie einem Steine in den Weg rollen wollen), das ist auf der einen Seite förderlich für die Karriere, auf der anderen wird unser Seelenheil nicht wesentlich beschädigt. Wie Sie ja wissen, werden Millionen Menschen am Arbeitsplatz gemobbt. Und dass es sich bei den grausamen Verhaltensweisen der edlen »Kollegen« um Ursachen für späteres seelisches und körperliches Leiden handelt, brauche ich nicht eigens zu erwähnen. Im Folgenden will ich die wesentlichen Aspekte der obigen Argumentation stichpunktartig zusammenfassen:

- *Stereotyp maskulines Auftreten ebnet uns den Einstieg ins Berufsleben.* Männer und Frauen dürfen bereits in der Bewerbungsphase einen stereotyp maskulinen Eindruck vermitteln. Wir sollten dem Arbeitgeber von Anfang an beweisen, dass wir genau die Rolle auszuüben vermögen, die er von uns erwartet. In den meisten Berufen kommt Instrumentalität gut an. Hierzu darf man auch gerne auf seine weiblichen Seiten hinweisen. Damit meine ich soziale Kompetenzen, etwa Einfühlungsvermögen, kompetenter Umgang mit Menschen und Gruppenkompatibilität, also Teamfähigkeit. Auf Fangfragen sind wir vorbereitet, denn letztendlich geht es dem Arbeitgeber immer darum, dass er herausfindet, ob wir belastungsfähig und zuverlässig sind. Auf Kommunikationsfertigkeiten beim Vorstellungsgespräch kommt es unbedingt an. Der erste Eindruck, den wir machen, stellt für den Personalchef den Hauptansatzpunkt für Kritik dar. Männer kommen am besten an, wenn sie stereotyp maskulin aussehen und auch so agieren. Das kann jeder Mann in sein Persönlichkeitsinventar aufnehmen. »Trockenübungen« und mehrere Vorstellungsgespräche werden helfen, das vorteilhafte Kommunikationsverhalten zu internalisieren. Für Frauen kommen maskuline Verhaltensweisen beim Vorstellungsgespräch absolut auch in Frage.

- *Sinnvolles Kommunizieren im Berufsalltag.* Besonders im Umgang mit Kunden ist das Flirten wichtig. Zeigen wir also einige Verhaltensweisen, die das Flirten ausmachen. Unterstützend hierzu passen eine gute Gemütsstimmung und gewisse Gleichgültigkeit dem Alltagsgeschehen insgesamt gegenüber. Letzteres können wir leicht durch die Lektüre der Klassiker der Philosophie und weitere psychologische Ratgeber erlernen. Kunden gegenüber ehrlich und vertrauensvoll zu agieren, bringt jenen und uns mehr.

- *Bewusst die Strukturen in den Institutionen wahrnehmen und berücksichtigen.* Jede Institution ist auch ein System aus Individuen, die sich in spezifische Gruppen subsumieren lassen. Nehmen wir unbedingt die verschiedenen Grüppchen an unserem Arbeitsplatz wahr und spielen mit beim großen Karneval der Verkleidungen und Heucheleien. Es gilt, mehr durch Leistung als durch Anmaßung und Aggression zu beeindrucken. Weil wir um die große Macht des Flirtens wissen, versuchen wir, an jedem Arbeitstag mit unserem Umfeld zu schäkern und positive »Vibrations« auszusenden.

5. Psychologie der Kommunikation

»Wir dürfen [...] annehmen, dass alle Menschen einige Lebensschwierigkeiten haben. Ich glaube, es liegt in unserer Gesellschaftsordnung, dass niemand eine Lebensweise finden und aufrechterhalten kann, die zu völliger Zufriedenheit und angemessener Selbstachtung führt.« (SULLIVAN 1976, 15)

Ziel der Darstellungen in diesem Buch war vor allem, dass Einblicke in Alltagsphänomene gewonnen werden, die auf unbewussten Motivationen basieren. Diese Motivationen werden vor allem von den Bereichen Tiefenpsychologie, Humanbiologie und Sozialpsychologie untersucht. Der breiten Masse sind diese Disziplinen sowie deren Erkenntnisse weit gehend unbekannt. Ihre durch empirische Experimente gewonnenen Einsichten über das menschliche Verhalten können im Alltag unermesslich viel Erleichterung und Glückszustände herbeiführen. Daher sind die wichtigsten Befunde – meines Erachtens – hier skizzenhaft zusammengestellt, ohne Anspruch auf Vollständigkeit. Ich habe im Übrigen deshalb die Bereiche Partnersuche, Zweierbeziehung und Berufsalltag aus den spezifischen Blickwinkeln untersucht, weil, wie anfangs gesagt, genau in diesen Gebieten die meisten Menschen ihr Schicksal teilen, welches da heißt: Unkenntnis, Denkirrtümer, falsche Hoffnungen, falsche Erwartungen (und daraus resultierende Enttäuschungen), Depressionen, Neurosen und noch Schlimmeres.

Erst wenn *alles* zu spät erscheint, das eigene, scheinbar so sichere Leben durch ein paar dumme Zufälle plötzlich in Trümmern liegt, dann kommt man nicht mehr um eine Konsultation herum und stellt plötzlich zum Erstaunen fest, dass die Abwehr gegenüber Psychologie unzutreffend war.

Natürlich liegt vieles in der Erziehung, warum man »einfach so« keinen psychologischen Ratschlag in Anspruch nehmen darf. »Was sollen da die Leute denken? Dass *ich* einen an der Klatsche habe und schwach bin. Gott ne!« Der andere Grund ist sicher Angst. Angst davor, dass die eigenen Meinungen über die »richtige« Lebensführung – die meistens lediglich im Elternhaus aufgenommen und indoktriniert wurden – *sich als irrtümlich erweisen*. Das wäre was! Manch einer beharrt deshalb sein Leben lang auf seinen Weltanschauungen, und sind sie noch so irrational oder gar schädlich für sein Wohlergehen. Diese Angst wird dann in Aggression umgewandelt und gipfelt in Sarkasmus den Psychologen gegenüber. Diese Aggression ist jedoch vergleichbar mit dem berühmten Pfeifen im Walde. Wie heißt doch so schön das unbewusste Thema des modernen Menschen unseres Kulturkreises: was nicht sein *darf*, das *kann* nicht sein. Und es darf nicht sein, dass mein Empfinden von Normalität nicht hinhaut. Es darf auch nicht sein, dass Konflikte aus der Kindheit mein jetziges Leben beeinträchtigen.

Sie wiederum, liebe LeserInnen, haben sich für die Themen und Wissenschaften interessiert. Vielleicht haben Sie etwas anderes erwartet, ich weiß es nicht. Erzählen Sie es mir, schreiben Sie mir Ihre Erfahrungen.

Mein Grundanliegen richtet sich also einerseits an Interessenten, die mehr Lebensqualität intendieren, andererseits an Profis, die einmal Tipps und Tricks aus einer anderen Wissenschaftsecke hören bzw. lesen wollen. Im Folgenden fasse ich pointiert die Hauptanliegen der drei vorangegangenen Abschnitte zusammen:

Partnersuche. Die Partnerwahl ist *kein* Zufall und erst recht nicht abhängig von Logik oder Verstand. Demnach haben wir gesehen, dass unbewusste Faktoren die Partnersuche beeinflussen können. Fatal wird es dann, wenn ein Partner angezogen wird, mit dem ein Kindheitskonflikt wieder aktuell erlebt wird. Ich hatte ja zu Beginn des Buches auf vier mögliche Themen verwiesen (siehe WILLI 1975/2001). In diesem Kontext haben wir Anja und Jochen kennen gelernt. Sie konnten als Beispiel einer *phallisch-ödipalen* Kollusion »dienen«. Die ebenfalls thematisierte Humanbiologie hat uns wichtige Anhaltspunkte für unbewusste Verhaltensschemata geliefert, die wir bei anderen Menschen beobachten können, falls sie Interesse an unserer Person haben. Männer und Frauen zeigen unwillkürlich unterschiedliche Charakteristiken, oftmals nonverbal, um die wir jetzt wissen. Ferner ist uns bekannt, wie wir am attraktivsten auf das andere Geschlecht wirken können. Die typischen Männer und typischen Frauen haben auf der Piste den größten Erfolg. Passen wir unser Erscheinungsbild dementsprechend an, so wird die Begehrlichkeit beim anderen Geschlecht und bei Gleichgeschlechtlichen unwillkürlich entstehen. Ein wichtiger Aspekt umfasste die Gesprächseinleitung. Drei wichtige präventive Wege sind uns bekannt: *Methode der Alternativfrage, Methode des nicht-zielgerichteten Kommentars zur gegenwärtigen Situation, Methode der Banalität.* So lassen sich zwei Vorteile einheimsen: einerseits können wir Körbe umgehen, andererseits brechen wir das Eis und wissen sofort, ob das Gegenüber auf unseren unverbindlichen Reiz positiv oder negativ reagiert. Damit entscheidet sich, ob sich ein Flirt mit diesem Menschen in dieser Situation ergibt oder nicht. Einfachheit siegt!

Zweierbeziehung. Vor allem unbewusste Strukturen beeinflussen einerseits die Partnerschaftsqualität, andererseits den Grad der gemeinsamen Kommunikation. Antimoralische Triebfedern (vgl. SCHOPENHAUER 1859/1988; SCHRÖDER 2003) können die Zweierbeziehung sehr stark belasten. Kein Mensch ist völlig frei von Neid, Eifersucht und Egoismus. Nehmen wir die angeborenen und erlernten Widerwärtigkeiten also zunächst wahr und akzeptieren sie. In brisanten Momenten gilt es, diese zu unterdrücken und niemals unserem Lebensgefährten zu präsentieren. Daneben gelten kognitive Regeln für die Kommunikation. Das Modell der *Gewaltfreien Kommunikation* von ROSENBERG (2001) kann als optimale Vorgehensweise internalisiert werden. Wir achten auf Ich-Botschaften und senden Mitteilungen stets auf die Situation bezogen. Ferner sind Du-Botschaften zu umgehen, ausgenommen etwa bei: »Das hast du richtig gut gemacht!« Im Übrigen bietet sich individuelle Selbstentfaltung in der Zweierbeziehung an, ist sie doch die Grundvoraussetzung für partnerschaftliches Wachstum. Leben ist Bewegung und Dynamik. Außerdem ist wichtig, dass der Gefühlsbereich (unser *Es*) nicht zu kurz kommt. Daher beherzigen wir NIETZSCHEs Ausspruch (1886/1999, Aphorismus Nr. 188): »Das Wesentliche, ›im Himmel und auf Erden‹, wie es scheint, ist [...], dass lange und in einer Richtung *gehorcht* werde: dabei kommt und kam auf die Dauer immer etwas heraus, dessentwillen es sich lohnt, auf Erden zu leben, zum Beispiel Tugend, Kunst, Musik, Tanz, Vernunft, Geistigkeit – irgend etwas Verklärtes, Raffiniertes, Tolles und Göttliches.« Bekämpfen wir ein überstrenges *Über-Ich*, nach dem »Ordnung das halbe Leben ist«, Selbstbeherrschung, Vernunft und Logik schlussendlich der Rest des ganzen Karnevals und Maskenballs. Die Lösung heißt demgegenüber: Leben = *Erleben*!

Berufsalltag. Auch die zweite Stütze des Lebens ist abhängig von Kommunikationskompetenzen. Bei Bewerbungsgesprächen und auch im Berufsalltag schlagen stereotype Maskulinität und weibliche Charakteristiken ein, etwa Einfühlungsvermögen und aktives Zuhören. Pointierte und konkrete Mitteilungen sind unbedingt erforderlich, sonst verstrickt man sich oft, wie auch in allen anderen zwischenmenschlichen Bereichen, in eine irrationale Kommunikation. Und wir wissen, dass diese Störungen für sämtliche folgenden verantwortlich ist.

Resümee

Achten wir also *immer* im alltäglichen Miteinander bewusst auf unser Erscheinungsbild, die Körpersprache und Stimme. Wir sind aufmerksam, nehmen Individuen und deren Attribute unmittelbar wahr. Setzen Sie sich einmal in der Woche in ein belebtes Café und beobachten Sie Menschen, wie sie reden, gestikulieren, sich kleiden usw. Nach und nach wird sich ein Gefühl der Menschenkenntnis ergeben. Durch die Beratervariablen von ROGERS (1972/1999) helfen wir unserem Gegenüber in jeder Situation, sich besser mitzuteilen. Unterstützend hierzu können wir das Ausgesprochene seinerseits von Zeit zu Zeit wiederholen. Schwächen wir unbedingt eine fest angezogene Spaßbremse, d.h. ein überstrenges *Über-Ich*, ab.

Gewappnet mit den Waffen der selbstsicheren Körpersprache und der Gewissheit des zwischenmenschlichen Erfolgs durch geschlechtsspezifische Verhaltensweisen, die unwillkürlich positive Reaktionen bei unserem sozialen Umfeld hervorrufen, weil sie angeboren sind, werden wir vom Honig des Lebens kosten können. Ferner werden Mut und Gleichgültigkeit (vor Körben) die optimale Flirtpower garantieren, welche der Welt einen Sinn verleiht. Bedenken wir unser Leben lang, dass wir selbst Herr über Erfolg und Versagen sind und niemand anderes: wenn wir lächeln, wird sich die (halbe) Welt mitfreuen, wenn wir traurig sind, bleiben wir traurig, wie gesagt. Sorgen wir also dafür, dass das Glas stets »halbvoll« und nie »halbleer« ist. Der Mensch ist zur Freiheit verdammt und muss sich täglich neu entwerfen, sagt SARTRE mit Recht. Wir können uns auf sonst niemanden verlassen, als auf uns selbst. Parole d'Honneur! Entwerfen wir uns also auch immer wieder neu. Was sollen wir auch sonst machen? Wir können uns die Werte selbst vorgeben! Auf geht's!

Literatur

Adams, L. & Lenz, E. (2001). *Beziehungskonferenz: Wege zu einem konstruktiven Miteinander.* München: Heyne.

Adler, A. (1920/1965). *Praxis und Theorie der Individualpsychologie.* Darmstadt: Wissenschaftliche Buchgesellschaft.

Alfermann, D. (1996). *Geschlechterrollen und geschlechtstypisches Verhalten.* Stuttgart: Kohlhammer.

Ambady, N. & Rosenthal, R. (1993). Half a minute – Predicting teacher evaluations from thin slices of non-verbal behavior and physical attractiveness. *Journal of Personality and Social Psychology, 64,* 431–441.

Anderson, R. & Nida, S.A. (1977). Effects of physical attractiveness on opposite- and same-sex evaluations. *Journal of Personality, 46,* 197-227.

Argyle, M. (2002). *Körpersprache und Kommunikation* (8. Auflage). Paderborn: Junfermann.

Benson, P.I., Karabenick, S.A. & Lerner, R.M. (1976). Pretty pleases: The effects of physical attractiveness, race and sex on receiving help. *Journal of Experimental Social Psychology, 12,* 9–25.

Bilden, H. (1991). Geschlechtsspezifische Sozialisation. In: K. Hurrelmann & D. Ulich (Hrsg.). *Neues Handbuch der Sozialisationsforschung* (4. Auflage). Weinheim: Beltz, 279–302.

Birkenbihl, V.F. (2003). *Warum wir andere in die Pfanne hauen.* Paderborn: Junfermann.

Bodenmann, G. & Cina, A. (2003). Woran Beziehungen scheitern. *Psychologie heute, 7,* 24–25.

Bodenmann, G. (2000). *Kompetenzen für die Partnerschaft.* Weinheim: Juventa.

Brendler, M. (2003). Sie, 21, attraktiv, sucht Partner. *Süddeutsche Zeitung, 201,* 16.

Brown, T.A., Cash, T.F. & Noles, S.W. (1986). Perceptions of physical attractiveness among college students. *Journal of Social Psychology, 126,* 305–316.

Buehlman, K., Gottman, J.M. & Katz, L. (1992). How a couple views their past predicts their future. *J Family Psychology, 5,* 295–318.

Buunk, B.P. & Dijkstra, P. (1998). Jealousy as a function of rival characteristics: An evolutionary perspective. *Personality and Social Psychology Bulletin, 24,* 1158–1166.

Buss, D.M. (1998). From vigilance to violence. Tactics of mate retention in American undergraduates. *Ethology and Sociobiology, 9,* 291ff.

Buss, D.M. (2000). *The dangerous passion. Why jealousy is as necessary as love and sex.* New York: Free Press.

Brockert, S. (2000). *Praxisführer Psychotherapie.* München: Knaur.

Cicero, A. & Kuderna, J. (2001). *Clevere Antworten auf dumme Sprüche.* Paderborn: Junfermann.

Critelli, J.W. & Waid, L.R. (1980). Physical attractiveness, romantic love, and equity restoration in dating relationships. *Journal of Personality Assessment, 44,* 624–629.

Cunningham, M.R. (1986). Measuring the physical in physical attractiveness: Quasi experiments on the sociobiology of female beauty. *Journal of Personal and Social Psychology, 50,* 925–935.

Damm, M. (2002a). *Nie wieder Single: So finden Sie Ihren Traumpartner* (2. Auflage). Paderborn: Junfermann.

Damm, M. (2002b). *Flirten kann jeder: Ihr persönlicher Flirt-Coach.* Paderborn: Junfermann.

Damm, M. (2004). *Psychosoziales Geschlecht und Ehekonflikte: Eine empirische Untersuchung an Eheberatungsstellen.* Frankfurt a.M.: Lang (im Erscheinen).

Eibl-Eibesfeld, I. (1997). *Die Biologie des menschlichen Verhaltens* (3. Auflage). Weyarn: Seehammer.

Ekman, P. (1974). Detecting deception from the body or face. *Journal of Personality and Social Psychology, 29,* 288–298.

Etrillard, S. (2003). *Spitzengespräche.* Paderborn: Junfermann.

Forsythe, S.M., Drake, M.F. & Hogan, J.H. (1985). Influence of clothing attributes on the perception of personal characteristics. In: M.R. Solomon (Ed.). *The psychology of fashion.* Lexington, Health, 265–292.

Frankl, V. (1992). *Psychotherapie für den Alltag.* Freiburg: Herder.

Freud, S. (1930/2000). Das Unbehagen in der Kultur. In: S. Freud. *Studienausgabe* (9. Bd.). Gesellschaft/Religion. Frankfurt a.M.: Fischer, 191–270.

Freud, S. (1904/2000). *Psychopathologie des Alltagslebens.* Frankfurt a.M.: Fischer.

Fromm, E. (1956/2001). *Die Kunst des Liebens.* München: Heyne.

Fromm, E. (1976/2003). *Haben oder Sein* (31. Auflage). München: dtv.

Fthenakis, W.E. & Minsel, B. (2002). Die Rolle des Vaters in der Familie. Stuttgart: Kohlhammer.

Givens, D.B. (1978). The non-verbal basis of attraction: Flirtation, courtship and seduction. *Psychiatry, 41*, 346–351.

Gerhold, D. (2003). *Präsentationstraining: ein Übungs- und Spielehandbuch.* Paderborn: Junfermann.

Gordon, T. (1993). *Familienkonferenz.* München: Heyne.

Gottman, J.M. & Levenson, R.W. (2000). Wie stabil sind Ehebeziehungen über mehrere Jahre? *Familiendynamik, 25*, 4–38.

Grammer, K., Schiefenhövel, W., Schleidt, M., Lorenz, B. & Eibl-Eibesfeld, I. (1988). Patterns on the face: brow movements in a crosscultural comparison. *Ethology, 77*, 279–299.

Grammer, K. (2002). *Signale der Liebe. Die biologischen Gesetze der Partnerschaft* (5. Auflage). Hamburg: Hoffmann und Campe.

Grammer, K. & Kruck, C. (1991). Decision-making in opposite sex-encounters: Love at first sight? Kyoto: *Paper presented at the 22nd International Ethological Conference.*

Grammer, K. & Eibl-Eibesfeld, I. (1989). The ritualisation of laughter. In W.A. Koch (Ed.). Natürlichkeit der Sprache und der Kultur. Bochum, Bochumer Beiträge zur Semiotik, 192–214.

Gray, J. (1998). *Männer sind anders – Frauen auch.* München: Goldmann.

Hahlweg, K. (1995). Einfluß interaktioneller Faktoren auf Verlauf und Therapie psychischer und somatischer Erkrankungen. *Verhaltenstherapie, 5*, 1–8.

Hahlweg, K. (2002). Beziehungs- und Interaktionsstörungen. In: H. Reinecker (Hrsg.). *Lehrbuch Klinische Psychologie/Psychotherapie* (4. Auflage). Göttingen: Hogrefe.

Hahlweg, K. & Schröder, B. (1993). Kommunikationstraining. In: M. Linden & M. Hautzinger (Hrsg.). *Verhaltenstherapie.* Berlin u.a.: Springer, 193–200.

Hasenkamp, M. (2001). *Die Kunst, professionell zu telefonieren.* Paderborn: Junfermann.

Hellinger, B. (1994). *Ordnungen der Liebe.* Heidelberg: Carl-Auer-Systeme.

Hellinger, B. (1997). *Familienstellen mit Kranken.* Heidelberg: Carl-Auer-Systeme.

Hennig, G. & Pelz, G. (2002). *Transaktionsanalyse: Lehrbuch für Therapie und Behandlung.* Paderborn: Junfermann.

Hess, E.H., Selzer, A.L., & Shlien, J.M. (1965). Pupil response of hetero- and homosexual males to pictures of man and women. *Journal of Abnormal Psychology, 70*, 165–168.

Hinsz, V.B. & Tomhave, J.A. (1992). Smile and (half) the world smiles with you, frown and you frown alone. *Personality and Social Psychology Bulletin, 17 (5)*, 249–269.

Hirschberg, N., Jones, L.E. & Haggerty, M. (1978): What's in a face: Individual differences in a face perception. *Journal of Research in Personality, 12*, 488–499.

Horney, K. (1967). *Feminine Psychology.* New York: Norton.

Hurrelmann, K. (2001). *Einführung in die Sozialisationstheorie* (7. Auflage). Weinheim: Beltz.

Jacobson, N.S. & Christiansen, A. (1996). *Integrative behavioral couple therapy.* New York: Norton.

Johnson, M.K., Weaver, J., Watson, K. & Barker, L. (2000). Listening Styles: Biological or Psychological Differences? *International Journal of Listening, 14.*

Jung, C.G. (1928/2001). *Die Beziehungen zwischen dem Ich und dem Unbewußten.* München: dtv.

Klann, N. & Hahlweg, K. (1994). *Beratungsbegleitende Forschung – Evaluation von Vorgehensweisen in der Ehe-, Familien- und Lebensberatung und ihre spezifischen Auswirkungen.* Stuttgart: Kohlhammer.

Klann, N. (2002). *Institutionelle Beratung – ein erfolgreiches Angebot.* Freiburg: Lambertus.

Kleinke, C.L. & Taylor, C. (1991). Evaluation of opposite-sex person as a function of gazing, smiling, and forward lean. *Journal of Social Psychology, 131*: 3, 451–453.

Köcher, R. (1993). Lebenszentrum Familie. In: Bundesministerium für Familie und Senioren (Hrsg.). *40 Jahre Familienpolitik in der Bundesrepublik Deutschland.* Neuwied: Luchterhand, 37–51.

Kreische, R. (2000). Psychoanalytische Paartherapie. In: P. Kaiser (Hrsg.). *Partnerschaft und Paartherapie.* Göttingen: Hogrefe, 257–270.

Küpper, B. (2003). Was unterscheidet Singles und Paare? In: I. Grau & H.-W. Bischoff (Hrsg.). *Sozialpsychologie der Partnerschaft.* Berlin: Springer, 77–110.

Lauster, P. (2001). *Lebe leicht und frei ... und niemand kann dich aufhalten.* Bergisch-Gladbach: Lübbe.

Markman, H.K. (1984). The longitudinal study of couples' interactions. In: K. Hahlweg & H. Jacobson (Eds.). *Marital interactions: Analysis and modification.* New York: Guilford, 252–281.

Martenstein, H. (2002). Vom Wesen der Liebe. *GEO, 12*, 86–104.

McCormick, N.B. & Esser, C.J. (1983). Power in the sexual encounter. In E.R. Allgeier & N.B. McCormick (Eds.). *Changing boundaries: Gender roles and sexual behavior.* Palo Alto: Mayfield, 64–66.

Mehrabian, A. (1972). *Nonverbal communication.* Chicago: Aldine.

Moeller, M.L. (2000). *Die Wahrheit beginnt zu zweit.* (16. Auflage). Reinbek: Rowohlt.

Moeller, M.L. (2001). *Gelegenheit macht Liebe.* Reinbek: Rowohlt.

Moore, M.M. (1985). Nonverbal courtship patterns in woman. *Ethology and Sociobiology, 6*, 237–247.

Murstein, B.I. (1970). *Love, sex, and marriages through the ages.* New York: Springer.

Nietzsche, F. (1886/1982). *Menschliches, Allzumenschliches.* Frankfurt a.M.: Insel.

Nietzsche, F. (1886/1999). *Jenseits von Gut und Böse.* Frankfurt a.M.: Insel.

Ochmann, F. (2003). Die Macht der Gefühle. *STERN, 35*, 96–107.

Peuckert, R. (1996). *Familienformen im sozialen Wandel* (2. Auflage). Opladen: Leske & Budrich.

Rattner, J. & Danzer, G. (2001). *Liebe und Ehe: Zur Psychologie der Zweierbeziehung.* Darmstadt: Wissenschaftliche Buchgesellschaft.

Rensch, B. (1963). Versuche über menschliche Auslösermerkmale beider Geschlechter. *Zeitschrift für Morphologische Anthropologie, 53*, 139–164.

Rhode, R., Meis, M. & Bongartz, R. (2003). *Angriff ist die schlechteste Verteidigung.* Paderborn: Junfermann.

Rogers, C. R. (1972/1999). *Die nicht-direktive Beratung* (9. Auflage). Frankfurt a.M.: Fischer.

Rogers, C.R. (1975). *Partnerschule: Zusammenleben will gelernt sein.* München: Kindler.

Rosenberg, M.B. (2001). *Gewaltfreie Kommunikation: Aufrichtig und einfühlsam miteinander sprechen.* Paderborn: Junfermann.

Sanders, R. (2000). *Partnerschule ... damit Beziehungen gelingen.* Paderborn: Junfermann.

Schneider, N. (2003). Pakt mit der Sehnsucht. *FOCUS, 17*, 140–150.

Schindler, L., Hahlweg, K. & Revenstorf, D. (1998). *Partnerschaftsprobleme: Diagnose und Therapie* (2. Auflage). Berlin: Springer.

Schopenhauer, A. (1859/1988). Die Welt als Wille und Vorstellung II. In: *Gesammelte Werke* (2. Bd.). Zürich: Haffmanns Verlag.

Schopenhauer, A. (1804-1818/1966). *Der handschriftliche Nachlass* (1. Bd.). 5 Bände. Frankfurt a.M.: Kramer.

Schröder, J. (2003). Neid: Das Gefühl im Hinterhalt. *GEO, 7*, 52–72.

Schwarzer, R. (1987). *Stress, Angst und Hilflosigkeit* (2. Auflage). Stuttgart: Kohlhammer.

Sheppard, J.A. & Strahtman, A.J. (1989). Attractiveness and height: The role of stature in dating preference, frequency of dating, and perceptions of attractiveness. *Personality and Social Psychology Bulletin, 15*, 617–627.

Shervington, M. (2002). *Denk nicht an Orangen mit lila Punkten: Das Handbuch für Ihr Gehirn, das Sie schon immer hätten haben sollen.* Paderborn: Junfermann.

Sieverding, M. & Bierhoff-Alfermann, D. (1992). Instrumentelles (maskulines) und expressives (feminines) Selbstkonzept. *Zeitschrift für Sozialpsychologie, 23*, 6–15.

Statistisches Bundesamt (2002). Ehescheidungen 2000/2001: Die wichtigsten Ergebnisse. *Wirtschaft und Statistik (WiSta), 12,* 1056–1064.

Steiner, E., Brandl-Nebehay, A. & Reiter, L. (2002). Von der Familientherapie zur systemischen Perspektive. In: M. Wirsching & P. Scheib (Hrsg.). *Paar- und Familientherapie.* Heidelberg u.a.: Springer, 7–22.

Storch, M. (2002). *Die Sehnsucht der starken Frau nach dem starken Mann.* Goldmann: München.

Stuart, R.B. (1976). An operant-interpersonal program for couples. In: D.H.L. Olson (Ed.). *Treating relationships.* Lake Mills, IO: Graphic Publishing, 119–132.

Sullivan, H.S. (1976). *Das psychotherapeutische Gespräch.* Frankfurt a.M.: Fischer.

Textor, M.R. (Hrsg.) (1992). *Hilfen für Familien* (2. Auflage). Frankfurt a.M.: Fischer.

Tannen, D. (1998). *Du kannst mich einfach nicht verstehen.* München: Goldmann.

Todd, O. (2001). *Albert Camus: Ein Leben.* Reinbek: Rowohlt.

Tramitz, C. (1995). *Irren ist männlich. Weibliche Körpersprache und ihre Wirkung auf Männer.* München: Goldmann.

von Schlippe, A. (1995). *Familientherapie im Überblick.* Paderborn: Junfermann.

Watzlawick, P. (1976/2003). *Wie wirklich ist die Wirklichkeit?* München: Piper.

Watzlawick, P., Beaven, J.H. & Jackson, D.D. (1969). *Menschliche Kommunikation.* Bern: Huber.

Weineck, J. (2000). *Optimales Training* (12. Auflage). Balingen: Spitta-Verlag.

Welter-Enderlin, R. & Jellouschek, H. (2002). Systemische Paartherapie – Ein integratives Konzept. In: M. Wirsching & P. Scheib (Hrsg.). *Paar- und Familientherapie.* Heidelberg: Springer, 200–226.

Willi, J. (1975/2001). *Die Zweierbeziehung: Spannungsursachen – Störungsmuster – Klärungsprozesse – Lösungsmodelle* (13. Auflage). Reinbek: Rowohlt.

Willi, J. (1978/2001). *Therapie der Zweierbeziehung* (5.Auflage). Reinbek: Rowohlt.

Willi, J. (2002). *Psychologie der Liebe.* Stuttgart: Klett-Cotta.

Anhang I: Wieso ein Flirtkurs? Richtigstellung eines Missverständnisses

»Was, *ich*, ne, ich brauche doch keinen Flirtkurs, ich kann doch flirten. Haha.« – »Ne, lass' mal, das haben andere nötig, nicht ich.« Diese und ähnliche Sprüche, so muss ich feststellen, höre ich immer wieder, etwa wenn ich meine Mitkommilitonen an der Universität-Landau, in der Cafeteria, mal spaßeshalber frage, ob sie nicht mal Lust hätten, an einem Kurs bei mir teilzunehmen. Warum die Abwehr von vornherein? Ich habe das ganz starke Gefühl, dass die meisten sich etwas Unzutreffendes unter einem Flirtkurs vorstellen. Etwa in die Richtung, ein Defizit müsste aufgearbeitet werden. Und Hilfe annehmen, ne, bloß nicht. Uns wurde doch seit Geburt erzählt: wer Hilfe braucht, besonders im psychologischen Gesichtskreis, der sollte sich schämen. Jawohl!

Es ist natürlich nicht so, dass Mankos aufgearbeitet werden. Flirten kann ja im Prinzip jeder, das wissen wir ja. – Die Fähigkeit dazu und die flirttypischen Verhaltensweisen sind angeboren, quasi mit in die Wiege gelegt. Das, was die Flirtkompetenz zunichte machen kann, sind verinnerlichte negative Lebenserfahrungen aus der Kindheit, welche sich z.B. als eine pathogene Eltern-Kind-Beziehung, Außenseiter-Rolle im Kindergarten oder der Schule charakterisieren. Natürlich auch oft zurückzuführen auf eine »verkopfte« Erziehung, die die Gefühle, Sexualität und Anstößiges so weit wie möglich aussperrten. Der andere Grund des Widerstandes liegt, so denke ich, in einer unbewussten, also unreflektierten Abwehr, wenn es ganz allgemein darum geht, *vermeintlich etwas nicht zu können.* Außerdem will man sich ja auch nicht vor anderen Schwächen eingestehen und vor sich selbst natürlich schon gar nicht. Wir haben eine nicht geringe Meinung von uns! Oftmals zur Schau getragen vor einem Berg Minderwertigkeitsgefühlen (ADLER 1920/1965). Mit dem Flirten verhält es sich ja ebenso.

Ich will mit einem großen Missverständnis aufräumen: in (m)einem Flirtkurs werden keine Defizite behoben, sondern schlicht und einfach innere Flirtkiller (überstrenges *Über-Ich*) durch Selbsterkenntnis auf die Müllhalde befördert, damit das Flirt- und Kommunikationsverhalten optimiert und perfektioniert werden kann. Und zwar für die Partnersuche, in der Zweierbeziehung, im Alltag und Beruf. Niemand eröffnet uns ja die gewaltige Vielfalt an nützlichen und Gewinn bringenden Tipps und Tricks. Aber die gibt es. Das Bewusstmachen von irrationalen Gesetzmäßigkeiten ist aus dem Grund sehr vorteilhaft und gerade für Psychologie-Liebhaber interessant, weil die wenigsten wirklich wissen, was auf der psychischen Ebene während zwischenmenschlicher Kommunikation stattfindet. Hier können vorteilhafte Vorgehensweisen eingesetzt werden.

Gesellschaftlich-tradierte Irrtümer, wovon es zahllose gibt, werden in meinem Kurs ferner entlarvt, Wissenshorizonte erweitert. Es geht auch um populäre Fragen wie: Was ist schön? – Was macht den ersten Eindruck aus? – Wie erkenne ich, ob sich mein Gegenüber wirklich für mich interessiert? Was soll ich als Erstes sagen, wenn ich jemanden anspreche?

Das alles ist oft unbekannt, fragt man etwa den Freundeskreis intensiver aus. Dabei dreht es sich doch hierbei mit um die wichtigsten Dinge des Lebens. Darüber hinaus gehört, das weiß nicht jeder, zum Flirten nicht nur das Techtelmechtel mit dem anderen Geschlecht – zum Zwecke der Partnerschaft. Ich bin mir sicher, viele denken das. Geflirtet wird aus vielerlei Motiven, überall im Alltag. Das Flirtverhalten wie z.B. ehrliches Lächeln, zugeneigte Körpersprache, Süßholzraspeln usw. taucht in fast jeder Situation auf (siehe DAMM 2002b). Ich will ein paar Darstellungen nennen: Es gibt kein Verkaufsgespräch ohne Flirtverhalten, keine abendliche Verabredung unter Arbeitskollegen ohne anregenden Smalltalk, keine Vereinsfeier ohne Schäkereien, kein Vorstellungsgespräch, in dem es nicht auf den ersten Eindruck und verbale (Flirt-)Kommunikation ankommt. Die Tatsache der großen Anzahl an Flirtmuffeln in den Bereichen Beruf, Partnersuche, Zweierbeziehung und Alltag ist nicht von der Hand zu weisen. Manche sind geistig verschlossen, andere *wollen* leiden, andere wissen nicht, woran es liegt, dass nichts klappt. Auch darin liegt ein Bedarf an Aufklärung. Wer flirten kann, egal mit wem, egal in welcher Situation, der hat es, und das unterschreibe ich gerne, leichter im Leben, mehr vom Leben, mehr Erfolg im Leben, Selbstbestätigung, Spaß und Abwechslung.

Von dem Angebot eines Flirtkurses oder der Sozialpsychologie überhaupt muss man also nicht unbedingt gleich unreflektiert zurückschrecken, schließlich ergeben sich durch Selbsterkenntnis und Lernprozesse ausschließlich Vorteile für einen selbst. Ich leiste somit auch einen kleinen Beitrag und »bringe ein bisschen Psychologie unter die Leute«.

Anhang 2:
Flirtkurs-Plan

Veranstaltungsplan zu »Partnersuche, Flirten und Zweierbeziehung«

Beginn: 13.2.2003, 19 Uhr–20.30 Uhr (sechs Veranstaltungen)
Ort: Otto Hahn Gymnasium, 76829 Landau
Leitung: Dipl.-Päd. Marcus Damm, Godramsteiner Str.1, 76829 Landau, im Internet erreichbar unter: www.marcus-damm.de

1. Veranstaltung, 13.2.2003 (Thema: Flirten)

- Begrüßung und Organisatorisches
- Warum ein Flirtkurs?
- Bedeutung des Flirts (in der Gesellschaft, biologische B., psychologische B.)
- Flirttest
- Arten des Flirts
- Flirtbremser (innere und äußere)
- Warum einige Menschen flirten können und andere nicht – Erkenntnisse der Psychoanalyse
- Über-Ich als Spaßbremse
- Tiefenpsychologische Betrachtungsweise der inneren Flirtkiller (Über-Ich/Es-Konflikt)
- Tiefenpsychologische Betrachtungsweise der äußeren Flirtkiller
- Humanbiologische Erkenntnisse

2. Veranstaltung, 20.2.2003 (Thema: Flirten)

- Innere Flirtkiller bearbeiten (Selbsterkenntnis)
- Äußere Flirtkiller bearbeiten (Erscheinungsbild und Körpersprache)
- Was ist schön, was wirkt körpersprachlich anziehend? Evolutionsbiologie und Psychoanalyse. Was wirkt abstoßend?
- Typische Männer und typische Frauen sind auf der Piste am erfolgreichsten
- Flirtkompetenz (in der Metaebene flirten)
- Die Leiter der Annäherung erklimmen
- Angst vor Ablehnung oder Körben angehen und ausschalten
- Kampf dem Über-Ich
- So inszeniere ich einen Flirt
- Der erste Satz (optimal)
- Drei Methoden der Gesprächseröffnung: Methode der Alternativfrage; Methode des nicht-zielgerichteten Kommentars zur gegenwärtigen Situation; Methode der Banalität
- Der erste Satz (flop-timal)
- Flirtbereit leben

3. Veranstaltung, 27.2.2003 (Thema: Partnersuche)

- Partnerschaft – die Stütze des Lebens
- Gesellschaftliche Irrtümer über das Konstrukt Zweierbeziehung

- Ehen und Trennungen – warum man sich im anderen täuscht: rosarote Brille
- Warum Partnersuche? Humanbiologische Theorien
- Bei der Partnerwahl werden oft die späteren Fehler und Irrtümer in der Zweierbeziehung begründet (unbewusste Kollusion. Was ist das Unbewusste? Über Herkunftsfamilien, Charakter, Temperament, Es-Ich-Über-Ich-Dialektik ist bei jedem Menschen anders)
- Die absolute Notwendigkeit, einen Seelenverwandten zu finden
- Außen hui, innen pfui. Die Hülsenproblematik
- Die rosarote Brille als Illusion und Idealisierungsprozess von beiden Individuen
- Kollusionsmodell von Jürg Willi – die vier Themen möglicher pathologischer Beziehungen
- Fall S.
- Unbewusste Muster im Alltag erkennen

4. Veranstaltung, 3.3.2003 (Thema: Partnersuche)

- Wer bin ich, wen brauche ich?
- Selbsterkenntnis (aus dem, was wir tun, erkennen wir, wer wir sind)
- Holzwege der Partnersuche: Chatten, Single-Party, Partnervermittlung
- Auf was kommt es an?
- Die wahren Wege der Partnersuche, auf was muss ich wirklich achten – Hobbys, Wellenlänge, familiärer Hintergrund
- Partnersuche in der Praxis – die Metaebene

5. Veranstaltung, 10.3.2003 (Thema: Partnerschaft)

- Dilemma der modernen Zweierbeziehung
- Ist die Ehe noch zeitgemäß?
- Phasen der Partnerschaft
- Psychologische Prozesse in der Zweierbeziehung
- Die Partnerschaftskiller (Eifersucht, Egoismus, Beziehungslosigkeit, sexuelle Lustlosigkeit usw.)
- Kommunikationstraining (Du-Botschaften, Ich-Botschaften)

6. Veranstaltung, 17.3.2003 (Thema: Partnerschaft)

- Was ist Liebe?
- Partnerschaftskiller bewusst machen und bekämpfen
- Selbstentfaltung als Prädiktor für gemeinsames Wachstum
- Offene Fragen
- Party!

Anhang 3:
44 Flirttipps für Gestresste

1. Vor der Kontaktaufnahme – Erscheinungsbild I
Jeder Flirt beginnt zunächst mit der Personenwahrnehmung. Das Erste, was ich einem anderen Menschen im Alltag von mir anbieten kann, ist mein Erscheinungsbild. Dazu gehört alles, was zu meinem Äußeren zählt: Kleidung, Körperstruktur, Länge, Gesicht. Achten wir *immer* auf das Aussehen der einzelnen Bereiche. Eine mondäne Kleidung verheißt Status und somit Begehrlichkeit.

2. Vor der Kontaktaufnahme – Erscheinungsbild II (Männer)
Männer wirken auf Frauen reizend, wenn geschlechtsstereotype Signale ausgehen: Mann größer Frau, elegante Kleidung, maskulines proportioniertes Gesicht (z.B. markantes Kinn), breite Schultern, sportlicher Körperbau. Männer sind dann am attraktivsten, wenn sie wie typische Männer aussehen. Orientierung bietet die mediale Werbung. Imitation erwünscht. Macht die Sache viel leichter. Bedenken Sie, dass Medien meinungsbildend sind. Immer im Trend bleiben!

3. Vor der Kontaktaufnahme – Erscheinungsbild III (Frauen)
Frauen wirken auf Männer anziehend, wenn sie typisch weibliche Merkmale aufweisen, etwa weibliche Rundungen (Po, Busen, Hüfte), lange, wohl geformte Beine, ausgeprägte Wangenknochen. Frauen verstärken diese und ähnliche Reize durch den Einsatz von Produkten der Beauty-Industrie. Tipp: die sekundären Geschlechtsmerkmale andeuten, mit den Reizen spielen. Dies wird den positiven Ersteindruck bei Männern sicherstellen. Sollten Sie Hemmungen haben: Die stammen nur aus dem *Über-Ich* (Vater und/oder Mutter). Drauf gepfiffen! Vergessen Sie das Hirngespinst: Ich habe mich in einen *Charakter* verguckt.

4. Vor der Kontaktaufnahme – Körpersprache I
Die Körpersprache verrät meine inneren Gefühlszustände. Wer flirten will, der muss gut drauf sein, entspannt, erwartungsvoll, aufmerksam und lebensbejahend wirken. Bevor es auf die Piste geht, kann man bei Bedarf an einer positiven Stimmung arbeiten. Denn: Miesepeter werden sofort vom anderen Geschlecht anhand der Körpersprache enttarnt. Tipp: überlegen auftreten, Gleichgültigkeit erwerben, *Über-Ich* während des Aussendens von Flirtbereitschaft auf die Müllhalde befördern. Flirten ist Gefühlssache, kein Verstand und keine Logik werden hier irgendwas verstehen.

5. Vor der Kontaktaufnahme – Körpersprache II (Männer)

Männer erscheinen interessant, wenn sie ruhig und entspannt auf der Piste agieren. Wer so aussieht, als hätte er alles (eigentlich sich selbst) unter Kontrolle, wird von vielen Frauen als potenzieller Flirtpartner berücksichtigt. Nervöse Menschen werden im Allgemeinen auch als unsicher charakterisiert. Wir Männer dürfen stereotyp maskulin vorgehen, das zieht. Nicht die Darting-Blicke vergessen. Das Wichtigste: Lächeln!

6. Vor der Kontaktaufnahme – Körpersprache III (Frauen)

Frauen haben den Vorteil, dass sie die Männerwelt um sich buhlen lassen können, das liegt an der gesellschaftlichen Konvention. Um Flirtbereitschaft beim männlichen Geschlecht entstehen zu lassen, müssen Frauen ebenso selbstbewusst und unverkrampft auftreten. Ferner bieten sich die Präsentationen der nonverbalen, typisch weiblichen Aufforderungssignale an: Verlegenheitsgesten, hair-flips. Mit den körperlichen Reizen spielen. Das Wichtigste: Lächeln!

7. Vor der Kontaktaufnahme – Ängste

Das, was uns am Herzeigen einer positiven Körpersprache bzw. Einstellung zum Flirten hindern kann, sind unbewusste Ängste, die hauptsächlich in der Kindheit entstanden sind, z.B. während des Erziehungsprozesses. Hemmungen sind auch in einem strengen *Über-Ich* zu finden. Wer ängstlich beim Flirten erscheint, findet sicher die Gründe in der Vergangenheit. Machen Sie sie bewusst, nur so kommt man aus dem irrationalen Teufelskreis heraus.

8. Vor der Kontaktaufnahme – Verstand vs. Gefühl

Beim Süßholzraspeln können die Gefühle verrückt spielen und den Verstand lahm legen. Achten Sie beim Flirten darauf, objektiv zu bleiben, nicht den Kopf verlieren. Natürlich empfehle ich auch manchmal ein wirkliches Fallenlassen, ganz ohne die quirligen Ameisen im Kopf, ohne Reflexionen. Das kommt ganz auf die eigene Motivation an.

9. Vor der Kontaktaufnahme – Objektivität wahren

Flirten ist im Allgemeinen angeborenes Verhalten. Dieses richtig einzusetzen, zu verstehen und zu deuten, das ist der erste Schritt zum Flirtprofi. Es hilft zunächst, sich selbst und das Gegenüber bei der Kommunikation objektiv zu beobachten. Dies erlaubt relevante Rückschlüsse auf die biologischen Gesetzmäßigkeiten des Techtelmechtels.

10. Kontaktaufnahme – der erste Blick

Ein Flirt auf der Piste beginnt generell immer mit einem Blick in die Augen eines Gegenübers. Dieser erste Blick muss unbedingt mit einem ehrlichen Lächeln kombiniert werden, ansonsten kann man unsere Absicht (Flirt) nicht vollends einschätzen.

11. Kontaktaufnahme – der erste Blick und die *positive* Reaktion

Bleibt der Blickkontakt mit einem Fremden mindestens 3 Sekunden bestehen (inklusive eines Lächelns seinerseits), dann existiert mit einer hohen Wahrscheinlichkeit die Basis für einen Flirt. Ohne diese Reaktion kann oft kein Tête-a-Tête entstehen!

12. Kontaktaufnahme – der erste Blick und die *negative* Reaktion

Lässt sich unser Gegenüber *nicht* auf einen Blickwechsel ein, will uns also nicht in die Augen schauen, dann werden wir mit diesem Menschen keinen Flirt erleben. Andere potenzielle Flirtpartner dürfen aufgesucht werden. Eisernes Gesetz. Zeit sparen!

13. Kontaktaufnahme – mehrfacher Blickwechsel

Entsteht ein mehrfacher Blickwechsel mit einem unbekannten Menschen, egal wo, egal wann, dann haben wir meistens Flirtbereitschaft vorliegen. Männer sollen nun den aktiven Part übernehmen, damit der Flirt verbal fortgeführt wird. Frauen dürfen aber auch Initiative ergreifen!

14. Kontaktaufnahme – weibliche Aufforderungssignale

Frauen senden unbewusst folgende Aufforderungssignale an den Mann, wenn sie mit ihm flirten wollen. Es handelt sich um Verlegenheitsgesten, etwa Kleidung glatt streichen, mit den Fingern durch die Haare fahren, unsichtbare Flusen entfernen, Halsschlagader präsentieren, Lächeln.

15. Kontaktaufnahme – männliche Signale, die für Interesse sprechen

Männer lassen sich äußerlich viel weniger anmerken: stets wiederkehrender Blick, Musterung des Frauenkörpers. Legen Sie als Mann Wert auf eine angepasste Körpersprache (Brust raus, Bauch rein). Wirken Sie lebensbejahend. Darting-Blicke, bitte.

16. Ansprechen I

Es kommt nicht darauf an, was gesagt wird, sondern lediglich, dass ein unverbindlicher Kontakt hergestellt ist. Dieser sollte im gesellschaftlichen Rahmen bleiben, auf der Ebene des Smalltalks.

17. Ansprechen II – nicht mit der Tür ins Haus fallen
Sprüche über besonders anziehende Körperpartien des Gegenübers sind unpassend, weil dadurch viel zu offensichtlich die Flirtabsicht (und mehr?) klar wird. In unserer Kultur wird gerne Schritt für Schritt vorgegangen.

18. Ansprechen III – Wichtigkeit des ersten Satzes
Achten Sie auf eine ruhige, gleichklingende Stimme, sie geht sofort in die Beurteilung unserer Person ein. Gestalten Sie den ersten Satz ganz einfach. Über diese Hürde muss gesprungen werden! Von nix kommt nix.

19. Ansprechen IV – Methode der Alternativfrage
Am effektivsten und sinnvollsten ist eine Alternativfrage. Geschlossene Fragen wie »Hallo, ich bin Marcus, darf ich mich zu dir stellen?« bringen stets die Gefahr eines »Nein!« mit sich. Man kann nie hundertprozentig sicher sein, dass das Gegenüber gerade jetzt mit mir flirten will. Vielleicht ist er oder sie mit dem eigenen Partner verabredet. Ich kann es nicht wissen. Also, präventiv vorgehen.

20. Ansprechen V – Beispiel für einen optimalen Satz
»Hallo, ich bin Marcus, macht ihr heute einen Frauenabend *oder* darf ich mich zu euch stellen?« Die Alternative zur Ablehnung wird auf diesem Weg gleich mitgegeben. So können die Damen auf den Frauenabend zurückgreifen, wenn sie aus irgendeinem Grund nicht mit uns flirten wollen. Demnach handelt es sich vielleicht wirklich um einen Frauenabend. So kann jeder das Gesicht wahren. Sehr beruhigend.

21. Ansprechen VI – Korb
Jeder bekommt Abfuhren, auch die Flirtprofis. Das ist Fakt und sogar ein Muss, denn nicht jeder will immer flirten, auch wenn man es ihm nicht unmittelbar ansieht. Durch diese Einsicht verlieren Körbe den negativen Einfluss auf unser Gefühlsleben. Weil wir aber so narzisstisch und selbstverliebt sind, erschüttern uns Ablehnungen auf der Piste immens. Es gilt, an sich zu arbeiten. Bedenken Sie: In 100 Jahren wird ein Korb auch egal sein. Nehmen wir uns nicht so wichtig.

22. Ansprechen VII – Kampf dem Korb
Nehmen wir Körbe nicht ernst – etwa als wirklich gegen unsere Person gerichtet. Oft sind es innere Konflikte unseres Gegenübers, welche dafür verantwortlich sind, dass es einen Korb gibt, z.B. Depression, üble Laune, Strafzettel einer Politesse, Beziehungskonflikte o.Ä.

23. Flirten beim Erstgespräch – Allgemeines

Beim erfolgreichen Erstkontakt tritt der Smalltalk in den Vordergrund. Bleiben Sie zunächst oberflächlich, wirken Sie entspannt und nett. Scheuen Sie nicht vor gelegentlichem Blickkontakt inklusive Lächeln zurück. Und: selbstsichere und zugewandte Körpersprache!

24. Flirten beim Erstgespräch – Redeanteil

Das erste Gespräch sollte nicht zu einem einseitigen Interview ausarten. Selbstdarsteller wirken, je länger der Talk andauert, unsympathisch. Wer aber zu viel schweigt, dem bringt man über kurz oder lang weniger Interesse entgegen. Beim Flirten wird der »Ball« hin und her geworfen. Offene Fragen animieren das Gegenüber zum längeren Gespräch – wenn er oder sie will.

25. Flirten beim Erstgespräch – relevante Themen

Ein erster Smalltalk ist nicht tiefgründig, sondern »08/15« sozusagen. Sprechen Sie über die gerade erlebte Situation, über relevante Aspekte, die sich anbieten. In einer Disco kann man über Musik sprechen, bei einem Konzert über den Künstler, auf einer Party über den Gastgeber usw. Achten Sie dabei unbedingt auf die Mimik und Gestik Ihres Gegenübers. Bei Interesse an Ihrer Person werden zusagende nonverbale Verhaltensweisen präsentiert.

26. Flirten beim Erstgespräch – unpassende Themen

Philosophie, Leid, Krankheiten und Weltschmerz gehören eben sowenig in einen Smalltalk während des Anbandelns wie auch das Thema Ex-Partner. Bleiben Sie zunächst an der Oberfläche, man will sich amüsieren.

27. Flirten beim Erstgespräch – das Gegenüber interpretieren

Die rosarote Brille ist oftmals dafür verantwortlich, dass sich die Ratio auf unbestimmte Zeit verabschiedet. Manchmal idealisiert man irrationalerweise das Pendant. Das ist fatal. Der Verstand muss, wenn Ihre Motivation ernsthafte Partnersuche heißt, offen sein für augenscheinliche, unmoralische und schlechte Charaktereigenschaften des Gegenübers. Diese werden nämlich in einer Partnerschaft umso stärker hervortreten. Der Mensch ändert sich nur dann, wenn er es will, niemals durch unsere Nacherziehung.

28. Weitere Verabredung

Nach einem flirtreichen Abend kann es sich ergeben, dass man den anderen wiedersehen will. Lassen wir uns zunächst alle Eindrücke des Partners durch den Kopf gehen. Viele

Menschen passen äußerlich gut zu einem selbst, aber ganz wenige auch innerlich (vgl. Nr. 27).

29. Telefonnummer – so nicht

Im Allgemeinen ist beobachtbar, dass, wenn es um die Beschaffung der Telefonnummer eines reizenden Menschen geht, *direkt* nachgefragt wird. Also: »Ja, war ein schöner Abend, gib' mir mal deine Telefonnummer! Ich rufe dich an!« – »Äh, hm, ne, das mache ich nicht am ersten Abend.« – »Äh, wieso nicht?« Sie wissen schon. Bei der direkten Methode gerät man leicht in unsichere Fahrwasser.

30. Telefonnummer – richtig handeln

Um sich Komplikationen wegen der Telefonnummer zu ersparen, werfen Sie einfach einen Köder aus: »Ja, war ein schöner Abend, ich gebe dir mal meine Handynummer. Wenn du willst, kannst du dich mal melden, würde mich echt freuen. Bist ein lustiger Zeitgenosse!« So bleibt man interessant und der andere bekommt ein Ziel vorgesetzt, das er selbst erreichen kann. Wir wollen doch niemanden zu etwas zwingen.

31. Das erste Date (I) – Allgemeines[23]

Nicht den Verstand vernachlässigen! Zu oft werden Menschen bereits vor dem ersten Date als passende Traumpartner interpretiert. Das hat sich schon oft in einer späteren Bindung gerächt. Also, cool bleiben, abwarten und aufmerksam sein.

32. Das erste Date (II) – den Partner interpretieren

Psychologisch versierte Aufmerksamkeit schadet beim ersten Date nie. Vielleicht kann so festgestellt werden, ob dieser Mensch auch wirklich so »ist«, wie er sich beim bisherigen Kennenlernen uns gegenüber gegeben hat. Achten Sie auf Kleinigkeiten, denn »wie einer im Kleinen ist, so wird er auch im Ganzen sein«.

33. Das erste Date (III) – oraler Charakter

Achten Sie auf das Vorhandensein des oralen Charakterzuges. Dieser Mensch ist, unabhängig vom biologischen Geschlecht, in einer Partnerschaft oft problematisch. Die Psychoanalyse beschreibt den oralen Charakter so: haltlos (auch sexuell, also nymphoman),

23 Ich möchte unbedingt noch einmal darauf hinweisen, dass sich diese Tipps für Menschen anbieten, die auf ernsthafter Partnersuche sind. In diesem Kontext darf die Logik nicht vernachlässigt werden, bei anderen Motivationen schon.

triebhaft, will »die Welt verschlingen«, oral fixiert, d.h. er raucht exzessiv und trinkt übermäßig viel Alkohol, scheint unersättlich zu sein, kann Bedürfnisse nicht aufschieben, hyperaktiv. Diesen Menschen zur »Ruhe« anzuhalten ist sehr schwer, er muss es schließlich selbst wollen. Grundthema in der Partnerschaft: »Kannst du mich umsorgen?« (= *phallisch-ödipale* Kollusion).

34. Das erste Date (IV) – analer Charakter

Der anale Charakter erscheint unglaublich diszipliniert, achtet auf strikte Ordnung und Maßregelung. Seine Wohnung ist tiptop aufgeräumt, die Lebensführung sehr rational und vernünftig. Dieser Mensch, insofern er wirklich als anal-sadistischer Charakter klassifiziert werden kann, wird peinlichst darauf achten, dass der Partner (= ich) genauso unter seiner Hand »funktioniert« wie seine von ihm eingerichtete Umwelt. Häufiges Grundthema in der Partnerschaft: »Wer von uns hat die Macht?«

35. Das erste Date (V) – Abwägungen

Bleiben Sie kritikfähig, eine Zweierbeziehung verlangt viele Aufgaben und auch Verantwortung. Vergleichen Sie eine innere Checkliste, auf der Charaktereigenschaften des möglichen Partners stehen, mit den Eindrücken Ihres Gegenübers. Denken wir immer daran: nicht das Äußere zählt. Das bestimmende Prinzip ist und bleibt der Charakter!

36. Die Paarbeziehung – fallen lassen

Die schönste Zeit einer jeden Partnerschaft ist der Beginn, Honeymoon, genießen Sie es. Nutzen wir die Zeit für die anregendsten Dinge des Lebens.

37. Die Paarbeziehung – 2. Phase

Jeder kann am Anfang mit Engagement den Partner beeindrucken, die Kunst liegt darin, es dann zu tun, wenn die erste Phase der Hormonfeuerwerke vorüber ist. Reife Liebe beginnt oft erst viel später!

38. Eifersucht

Wir alle sind mehr oder weniger eifersüchtig, das ist unsere Natur. Lassen wir die Eifersucht weit gehend aus der Partnerschaft heraus. Sie bedeutet *nicht* Liebe, auch wenn die Gesellschaft dies anders sieht. Eifersucht erstickt die Liebe. Seien wir gönnerhaft und fremdbejahend!

39. Flirten in der Partnerschaft

Flirten wir immer wieder mit dem Partner. Der Mensch ist nämlich ein Gewohnheitstier und kann nach einer gewissen Zeit – beim einen früher, beim anderen später – die wertvollen Charaktereigenschaften des Pendants nicht mehr schätzen, sie sind selbstverständlich geworden. Das Verhältnis von positiver zu negativer Kommunikation muss 5:1 betragen.

40. Verwöhnungstag

Richten Sie einmal in der Woche einen Verwöhnungstag ein, an dem jeweils einer dem anderen alle Wünsche erfüllt. Ein Tipp aus der Verhaltenstherapie mit Paaren.

41. Abwechslung beim Sex

Auch die Sexualität kann unter dem Alltagsstress und der Gewohnheit lästig und lustlos werden. Spontaner Urlaub und Abwechslung können die Sexualität anspornen. Auch Selbstentfaltung und autorisiertes Flirten in fremden Gefilden.

42. Sich selbst weiterentwickeln

Stillstand ist der Tod. Wer in der Zweierbeziehung stehen bleibt, wird die Partnerschaft gleich mit stagnieren lassen. Besuchen Sie Kurse an der Volkshochschule, lesen Sie Einführungen in die Philosophie, psychologische Ratgeber, schreiben Sie Tagebuch und verschlingen Sie die literarischen Klassiker.

43. Distanz schaffen

Die symbiotische Liebe, bei der die Partner auf Dauer eins sind, gibt es nicht. Halten wir unbedingt Distanz zum Lebensgefährten, dann fallen die Unterschiedlichkeiten weniger ins Gewicht, auch der Respekt bleibt. Keep your distance!

44. Gegen die Langeweile

Wer sich interessiert, ist auch interessant. Dann entsteht auch keine Langeweile. Der Sinn des Lebens ist Selbstentfaltung. Tun wir es!

Von der Sehnsucht, ganz zu sein

SHEL SILVERSTEIN — **DIE GESCHICHTE VOM MISSING PIECE**

€ (D) 16,90

112 Seiten • kart. • ISBN 3-87387-601-9

Das Buch

Auf der Suche nach dem Missing Piece, dem fehlenden Teil, das benötigt wird, um die eigene Unvollkommenheit auszugleichen, kann man allerlei wundersame Dinge und auch große Enttäuschungen erleben.

Diese zauberhafte Bildgeschichte, die vielen begeisterten Leserinnen und Lesern aus „Missing Piece trifft Big O" bekannt sein dürfte, wird diesmal aus einer anderen Perspektive erzählt: Nicht das kleine Dreieck Missing Piece, das sich selbst nur als fehlendes Teil von einem Ganzen sehen kann, ist auf der Suche, sondern ein lückenhaftes Ganzes sucht sein fehlendes Teil, sein Missing Piece. Ob es Erfolg hat und glücklich wird? Lesen Sie selbst ...

Der Autor

Shel Silverstein (1932-1999) gehört zu jenen wenigen Künstlern, die es vermögen, mit sparsamen Strichen und wenigen Worten Typisches, Besonderes und jegliche Feinheiten im menschlichen Dasein liebevoll darzustellen.

Mehr über uns und unsere Bücher erfahren Sie unter: **www.junfermann.de**

JUNFERMANN
Postfach 1840 • D-33048 Paderborn
Tel.: 05251-13 44 -0 • Fax: -44
eMail: infoteam@junfermann.de

www.junfermann.de
www.active-books.de
www.multimind.de